Viejas hi

La partida

LECTURAS ESPAÑOLAS CONTEMPORÁNEAS

VOL. 1

Lecturas Españolas Contemporáneas es una colección de textos
literarios destinados a estudiantes que aspiran a hacer del español
su segunda lengua. Su lectura, también, puede constituir un punto
de partida para aquellos hispanohablantes que buscan una primera
aproximación a la literatura actual en lengua española. Con esta
finalidad, el texto, rigurosamente editado, va acompañado de una
guía de lectura que sitúa al autor y la obra en su contexto y propone
vías de comprensión e interpretación, a la vez que sugiere actividades
para su utilización en clase.

Dirigen la colección:
Javier Blasco e Isaías Lerner

Comité Asesor
Pilar Celma
Víctor García de la Concha
José Ramón González
Jordi Gracia
José Manuel del Pino
Lia Schwartz
Darío Villanueva

Miguel Delibes
Viejas historias de Castilla la Vieja
La mortaja
La partida

Edición, introducción y guía de lectura
Antonio Candau

Cátedra Miguel Delibes
Iberoamericana Editorial Vervuert • 2007

© de esta edición:
    Iberoamericana Editorial Vervuert, 2007
    Amor de Dios, 1 — E-28014 Madrid
    Tel.: +34 91 429 35 22 | Fax: +34 91 429 53 97
    info@iberoamericanalibros.com
    www.ibero-americana.net
y
    Cátedra Miguel Delibes, Valladolid
    www.catedramdelibes.com

© Miguel Delibes y Ediciones Destino

    Agradecemos la gentileza de Ediciones Destino
    al permitirnos la realización de esta edición.

ISBN 978-84-8489-354-7

Depósito Legal: M. 44.162-2007

Fotografía y diseño de cubierta: W Pérez Cino
Impreso en España por Imprenta Fareso, S.A.
The paper on which this book is printed meets the requirements of
ISO 9706

Índice

Presentación

Este volumen, dirigido en primer término al público universitario que estudia español en el extranjero, reúne varias obras de Miguel Delibes publicadas previamente de manera separada. Como atestiguan las traducciones de sus libros a numerosos idiomas y la larga lista de premios conseguidos, desde el Cervantes al Príncipe de Asturias, Delibes es uno de los grandes narradores del siglo XX y uno de los mejores cultivadores de la narración breve en español, género representado en la presente edición.

Acercarse a la literatura de Miguel Delibes, escritor elegante, de escaso artificio formal, es una experiencia única e insustituible para los lectores interesados en una visión de la España y de la civilización occidental del siglo XX. Pero también, conviene anotarlo, para los lectores interesados en un arte literario sincero, eficaz y edificante. No por un moralismo o didactismo de Delibes, sino por su defensa práctica —con sus libros— de la capacidad única e insustituible de la escritura literaria, de la relación autor-lector, para comunicar estados de ánimo, situaciones y personajes relevantes. Desde las primeras líneas de sus relatos el lector se siente guiado por un narrador respetuoso con su texto, con el lector y sus personajes; un narrador seguro de su oficio, que ha trabajado para facilitar a los lectores una literatura aparentemente natural, la visita a unos lugares o el espectáculo de unas situaciones y unos seres humanos que nos será muy difícil olvidar. Esta cualidad, que ha sido denominada «honradez narrativa», va estableciendo a lo largo de los relatos de Delibes una corriente de respeto y simpatía hacia el mundo literario del escritor, y contribuye a que alcancemos el «fondo» de personajes y situaciones tal vez muy alejadas de nuestra experiencia.

Indudablemente, las distintas novelas y relatos de Delibes presentan momentos de distinta calidad y dificultad, pero hay muy pocos escritores en español que hayan conseguido desde el principio un éxito tan sostenido entre el público lector en general y entre la crítica más exigente y dispar. Y hablamos de un escritor que lleva más de seis décadas publicando.

Las obras aquí recogidas, siendo una muestra representativa de la literatura de este clásico vivo que es Delibes, nos proporcionan una mirada especialmente aguda a la Castilla y a la España de principios y mediados del siglo xx. A través de sus personajes y de sus peripecias, el autor consigue acercarnos a unas circunstancias muy precisas de tiempo y lugar a nosotros, lectores probablemente alejados en el tiempo y en la geografía del entorno de esas historias. Y es que, como es bien sabido, en la relación de los seres humanos con sus circunstancias perviven, a lo largo de los siglos, los países y los cambios históricos y sociales, unas constantes que los autores de calidad saben presentar y transmitir a un público universal, aun conservando siempre su huella personal. Y ello, no sólo si leemos las peripecias de personajes de Delibes como el Senderines o Isidoro en Chicago, o en Tokio, o en Tel-Aviv. La España y la Castilla en la que Miguel Delibes sigue viviendo en 2007 guardan a primera vista escasa relación con la que aparece en los relatos de *Viejas historias* o «La mortaja», por lo que un lector español contemporáneo podría sentirse tan ajeno a esas circunstancias concretas como el estadounidense, el japonés o el israelí. Creo, sin embargo, y dejando ahora al margen los aludidos temas de alcance universal, que cuestiones como la infancia, la muerte, la solidaridad con los desfavorecidos, la dinámica campo-ciudad, el fenómeno de la emigración-inmigración y los conflictos sobre el medio ambiente del mundo actual no pueden entenderse cabalmente sin acercarse a los momentos del siglo pasado donde se inician, al menos en España, gran parte de esos fenómenos hoy tan evidentes. Porque esas dinámicas son, además, claramente universales, en un mundo como el actual de intercambios y transacciones cada vez más extendidas y simultáneas. Nuestros relatos hablan de circunstancias difíciles. En un momento político y social especialmente polarizado —la España de la posguerra y el período franquista— la mirada literaria de Miguel Delibes hacia esa realidad hostil presenta cualidades imprescindibles para el análisis crítico y la acción consecuente en cualquier lugar y época: es una mirada irrenunciablemente objetiva y de una laboriosa serenidad.

Cronológicamente, el primero de nuestros textos en ver la luz es el relato «La partida», aparecido en 1954 en un volumen de diez cuentos del mismo título, el primer libro de narraciones breves publicado por Delibes. «La mortaja» apareció originalmente en su segundo volumen de narrativa breve, *Siestas con viento sur*, de 1957, un conjunto de cuatro cuentos que recibió el Premio Fastenrath de la Real Academia Española. «La mortaja», uno de los relatos favoritos del autor, está considerado por muchos lectores como el más logrado de los suyos. Reapareció en una edición de 1970, dando título a una nueva colección de cuatro relatos, y se consolidó como uno de los textos breves más difundidos de nuestro autor.

Suele darse 1964 como fecha de aparición de *Viejas historias de Castilla la Vieja*, en una edición acompañada de fotografías de Ramón Masats, aunque como veremos su génesis es algo anterior y está ligada a la obra gráfica de otro artista catalán, Jaume Pla. A partir de 1969, y en sucesivas ediciones, se fue configurando la que puede llamarse versión más establecida de *Viejas historias de Castilla la Vieja*, sin la parte gráfica y con el añadido de *La caza de la perdiz roja*, texto híbrido de ficción, de ensayo sobre la caza y de documento cuasi periodístico sobre la situación cinegética en España en el momento de su publicación como obra exenta, en 1963, con fotografías de Oriol Maspons. Este texto también ha aparecido desde entonces en varias ocasiones de manera independiente[1].

---

[1] *La caza de la perdiz roja*. Prólogo de Antonio de Vilanova; fotografías de Oriol Maspons. Barcelona: Lumen, 1996.

La obra de Miguel Delibes es muy amplia y variada y ha recibido una muy detallada atención crítica. Algunos de los mejores estudiosos y escritores de las letras hispánicas, numerosas tesinas y tesis doctorales se han ocupado de los que podrían parecer todos los aspectos de la biografía y la narrativa del escritor vallisoletano. Existen también libros de entrevistas, textos autobiográficos y epistolarios. Desde muy temprano, además, Delibes acercó su escritura a otros géneros artísticos y hay varios documentales y películas basados en sus textos, así como ediciones de varias de sus obras ilustradas con la colaboración de importantes artistas gráficos. Nuestras ediciones no suelen ofrecer una lista exhaustiva de toda la bibliografía sobre Delibes, pero daremos cuenta de la utilizada en nuestra introducción biográfica y crítica y en las propuestas de actividades para la clase que figuran al final del volumen.

Nuestro propósito, como ya hemos indicado, es la presentación de varias obras clave de la narrativa de Delibes en un contexto que permita facilitar su lectura, su discusión y su uso en clase, que despierte el interés por la literatura del autor y contribuya a apreciar la importancia de la misma para un mejor conocimiento de la España actual. Tras una semblanza biográfica, repasamos brevemente la producción de Delibes en el contexto de la literatura española. Pasamos luego a presentar con más detalle los textos recogidos en nuestro volumen, dando una breve noticia de su contenido, indicando su ubicación dentro de la narrativa de su autor y en el contexto cultural del momento. Nos interesa también llamar la atención de los lectores hacia los temas más relevantes señalados por la crítica en esos relatos, así como los aspectos que nosotros consideramos de especial interés. Las notas a los textos intentan facilitar la lectura mediante aclaraciones de vocabulario o referencias culturales. Al final del libro aparece también un glosario de términos que aparecen en las obras incluidas en la edición. Los criterios del glosario han sido, por un lado, incluir la mayor parte de las palabras o expresiones no aclaradas en nota previamente y que, a nuestro juicio, pueden resultar problemáticas para un estudiante extranjero de español de un nivel intermedio o intermedio avanzado, y, en segundo lugar, limitar las definiciones a los sentidos con que se utilizan en el texto de Delibes. Se trata, pues, de un glosario diseñado únicamente para facilitar la lectura de este texto por el mayor número posible de lectores. La sección final de nuestra edición incluye también una selección de sugerencias de actividades para la discusión de las lecturas en clase y para posibles trabajos sobre los textos de Delibes.

A este respecto, conviene anotar las grandes posibilidades que para complementar la lectura de estos textos representa internet. Mi experiencia como profesor en Estados Unidos me indica que con los estudiantes actuales resulta casi imposible mantener el estudio de los textos literarios al margen de esta nueva tecnología. La misma experiencia indica, también, que es por ello imprescindible supervisar y acotar los materiales de internet que los estudiantes incorporen de manera activa a la clase, para coordinarlos y eliminar malentendidos. Recomendaré, pues, establecer al respecto unas directrices claras al comienzo de cada curso y me limitaré a sugerir algunas de las múltiples posibilidades de complemento de la lectura de estos textos de Delibes, dejando por supuesto a la discreción de cada profesor el uso concreto de las mismas. Las páginas web que cito incluyen información biográfica y documental sobre el autor. La de la Cátedra Miguel Delibes cuenta además con el diccionario del léxico rural de Jorge Urdiales, al que hacemos referencia en nuestro glosario, obra que existe también como libro, que es de donde tomamos nuestras citas.

Cátedra Miguel Delibes:
> http://www.catedramdelibes.com/

El Norte de Castilla:
> http://canales.nortecastilla.es/delibes/#

Instituto Cervantes:
> http://cvc.cervantes.es/ACTCULT/delibes

Estudio preliminar

1. Miguel Delibes

1.1. *Biografía*

Nacido en Valladolid en 1920, Miguel Delibes ha permanecido ligado a esta localidad castellana hasta la actualidad[1]. Su familia paterna es de origen francés; su abuelo se había instalado en España —en la pequeña población norteña de Molledo Portolín— a finales del siglo XIX para participar en la construcción de una línea ferroviaria. La familia de su madre era de origen burgalés, provincia limítrofe con la de

---

[1] Para la biografía de Delibes puede consultarse el libro de Ramón García Domínguez, *Miguel Delibes: un hombre, un paisaje, una pasión.* Destino: Barcelona, 1985. Del mismo autor hay una síntesis («Miguel Delibes: Vida y obra al unísono») y una tabla cronológica muy útiles en el volumen colectivo editado por María Pilar Celma, *Miguel Delibes.* Valladolid: Universidad de Valladolid/Junta de Castilla y León, 2003. El libro de entrevistas de César Alonso de los Ríos y el epistolario con su editor en Destino, José Vergés, ofrecen una imagen muy viva de la personalidad del escritor.

Valladolid. Aun sin recurrir a los detalles precisos ni buscar relaciones genéticas de causa-efecto entre biografía y obra artística, cuesta trabajo no buscarle algún valor, siquiera simbólico, al papel que el establecimiento de ese abuelo ingeniero francés en una pequeña población del norte de España iba a tener para la geografía literaria de la España del siglo XX. El pequeño pueblo montañés de Molledo Portolín recibe la infraestructura para el ferrocarril que lo comunicará con el resto de la región y de España. Muchos años después, en 1950, el nieto del ingeniero situará en ese pueblo la historia de un niño que —en su relato de la salida del pueblo para estudiar en la gran ciudad— nos explica con voz clara y mirada directa los seculares lazos del hombre con su tierra, la ansiedad que produce el abandono de la misma y la tensión dolorosa entre el tirón del porvenir y las raíces del pasado. La historia de ese niño, contada en la novela *El camino*, establecerá de manera definitiva a Miguel Delibes como una de las voces literarias más destacadas de la España del momento y como un intérprete privilegiado de las relaciones entre la tierra castellana y sus habitantes. Si trazáramos una imaginaria red ferroviario-literaria de la narrativa y la geografía españolas del siglo XX, la obra de Miguel Delibes sería una de las paradas obligatorias.

En Valladolid, su padre dirigía la Escuela de Comercio de la ciudad; Miguel Delibes inició precisamente allí sus estudios de comercio, aunque sin excesivo entusiasmo, matriculándose simultáneamente en la Escuela de Artes y Oficios. Delibes ha confesado su temprana inclinación hacia el dibujo y el modelado, así como el escaso respaldo e incentivos que para la educación artística de cualquier tipo existía en ese momento en España en ciudades como Valladolid. A los 18 años, al terminar Delibes el bachillerato, España se encuentra en plena Guerra Civil y el escritor decide alistarse en la Marina en el bando franquista, donde sirve hasta la conclusión de la contienda, un año después. Al volver a Valladolid continúa sus estudios, y se matricula también en Derecho.

Delibes había seguido cultivando el dibujo, sobre todo la caricatura y, mientras se prepara para concursar al puesto de profesor de la Escuela de Comercio, se presenta con algunos de sus dibujos en el periódico local, *El Norte de Castilla*, que le contratará en 1941 como caricaturista y, tres años más tarde, como redactor. Esta década de los cuarenta es decisiva en la biografía de nuestro autor. En 1945, tras haber establecido la relación profesional con el periódico vallisoletano, consigue la cátedra de Derecho Mercantil de la Escuela de Comercio de la ciudad. Un año después se casa con Ángeles de Castro. De modo que nuestro autor trabaja ahora como profesor y en el periódico local, pero decide escribir una novela. Delibes mismo ha confesado que llegó a la literatura un poco por casualidad. De niño y de joven no sentía ningún interés por las letras, y se inclinaba, como hemos dicho, hacia el dibujo y el modelado. Habiéndosele cerrado las vías para expresarse artísticamente en esa dirección y habiendo empezado a apreciar la exactitud y belleza de la prosa castellana en algunos de sus manuales universitarios, Delibes desembocaría en la literatura: «considero que la inclinación artística es un don y no creo en las artes incomunicadas [...].

El que es artista lo es por los cuatro costados, de tal forma que si en virtud de cualquier circunstancia se estrangulase su actividad habitual, se acomodaría a una nueva senda sin excesivo esfuerzo» (Delibes 1964: 10). Su primera novela, *La sombra del ciprés es alargada,* consigue en 1947 el joven, pero ya muy importante, premio Nadal, lo que supone el reconocimiento inmediato por parte del establecimiento literario español de este novelista primerizo. Delibes se convierte así en escritor, actividad que no abandonará y que cultivará a un ritmo muy sostenido.

Aunque residente en la ciudad, Delibes permanecerá ligado al mundo rural por sus orígenes familiares y muy especialmente por su afición a la caza, que practicará durante toda su vida y que tendrá una notable presencia en su obra. Delibes recorre campos y pueblos de Castilla y se interesa por sus habitantes, sus oficios y la naturaleza. Corren entonces los años de la posguerra española: tras el conflicto de la Guerra Civil (1936-1939) el país había quedado postrado en una situación económica de subsistencia, de consecuencias especialmente duras en aquellas regiones, como la Castilla rural, dependientes de una climatología poco favorable y tradicionalmente olvidadas por los gobiernos de la nación. La represión política, la censura, la violencia y la desolación que había acarreado el conflicto hacen de la España de esos años un entorno de circunstancias muy poco favorables. Internacionalmente, la Segunda Guerra Mundial y la Guerra Fría habían sumido también al mundo occidental en un clima de desarraigo y pocas esperanzas en la condición humana. Delibes, católico liberal, explorará el desamparo existencial

de la época en su literatura, en busca de valores humanos
más permanentes que permitan abrigar cierta confianza
en el futuro. Las novelas *El camino* (1950), *Diario de un
cazador* (1955) y *Diario de un emigrante* (1958), así como las
colecciones de cuentos *La partida* (1954) y *Siestas con viento
sur* (1957) van asentando la destreza literaria de Delibes,
que cosecha premios y lectores, y comienzan a configurar
un mundo narrativo propio, con un acertado equilibrio en
la selección de temas y géneros. Delibes alterna novelas y
narraciones breves, pero también inicia su literatura de viajes
en 1956, con *Un novelista descubre América*, el primero de los
seis volúmenes de viajes publicados y dedicados a América
del Sur, Estados Unidos, Europa del Este y Escandinavia.
Como nota curiosa, Delibes es probablemente uno de los
pioneros del género al que esas páginas pertenecen. En 1960,
José Amor y Vázquez publica en Estados Unidos una edición
de *El camino* para estudiantes norteamericanos de español,
con glosario y actividades, así como ilustraciones y una grabación de la presentación de la novela del propio Delibes.

En la década de los cincuenta, y precisamente como consecuencia de la Guerra Fría, España empieza a restablecer
los contactos y la legitimidad internacional perdidos tras la
Guerra Civil. El régimen de Franco se convertirá en uno de
los baluartes frente al comunismo en Europa, se entablarán
relaciones militares y comerciales con Estados Unidos y el
proceso de rehabilitación del país culminará en 1955, con
la entrada de España en la ONU. En esos años la labor de
periodista de Delibes recibe un nuevo impulso: en 1953 es
nombrado subdirector de *El Norte de Castilla*, el periódico

de su ciudad en el que se había iniciado como caricaturista años atrás. Cinco años después, en 1958, pasará a ocupar el cargo de director del diario. Pese al nuevo alineamiento de España en la política internacional, la censura y la represión ideológica no habían desaparecido, y en esa época la labor de un director de periódico era un ejercicio constante de imaginación y de frustración. Hasta su dimisión como director en 1963 Delibes intenta incorporar al periódico voces renovadoras y una mirada objetiva a la realidad castellana y española. En 1985, en el volumen *La censura en la prensa en los años 40 (y otros ensayos)* Delibes se acercará a ese mundo de sus inicios como periodista.

Entre los jóvenes escritores que Delibes incorpora al *Norte de Castilla* suelen recordarse los nombres de César Alonso de los Ríos, José Jiménez Lozano, Manuel Leguineche y Francisco Umbral, figuras hoy destacadas del periodismo y la literatura españoles. Alonso de los Ríos, Jiménez Lozano y Umbral producirán posteriormente algunas de las contribuciones más destacadas a la bibliografía sobre Delibes[2]. Al mismo tiempo, Delibes decide prestar atención periodística a los problemas más inmediatos que presenciaba a su alre-

---

[2] Además del ya aludido *Conversaciones con Miguel Delibes* de Alonso de los Ríos (Madrid: Magisterio Español, 1971, y Barcelona: Destino, ed. ampliada, 1993), y de varios artículos, véase Ramón García Domínguez y Gonzalo Satonja (eds.), *El autor y su obra: Miguel Delibes*. Madrid: Universidad Complutense de Madrid, 1993. También, Francisco Umbral, *Miguel Delibes*. Madrid: Epesa, 1970. Obras recomendables sobre la producción de Delibes son las de Janet W. Díaz, Edgar Pauk, Alfonso Rey y Gonzalo Sobejano (1971, 1975 y 1993).

dedor, y la lamentable situación de abandono y retraso del campo castellano se convierte definitivamente en uno de los centros de su interés. Las dificultades impuestas por la censura para la denuncia de situaciones concretas de injusticia en esas zonas rurales fue una de las razones para que Delibes abandonara oficialmente la dirección del periódico.

Pese a ello, en la década que abarca desde su dimisión en 1963 hasta los años fundamentales de 1974 y 1975, su inquietud crítica y de desarrollo de la libertad de expresión no se interrumpe. En cierto sentido, podría hablarse de un reajuste de táctica. Lo que cambia es la plataforma aparente desde la que nuestro autor expresa ahora sus ideas y da voz a algunas de las opiniones más informadas del momento. Delibes crea y colabora activamente en dos instituciones clave para la apertura cultural e ideológica de la ciudad: el Aula Cultural y el Cine Club del *Norte de Castilla*, espacios para conferencias y películas que abren el Valladolid más influyente y respetable a voces y visiones renovadoras. Por otro lado, y de mayor trascendencia para su obra literaria, Delibes traslada sus frustrados deseos de denuncia periodística a su narrativa: «*Las ratas* y también *Viejas historias de Castilla la Vieja* son la consecuencia inmediata de mi amordazamiento como periodista. Es decir, cuando a mí no me dejan hablar en los periódicos, hablo en las novelas»[3].

Incluso los mejores libros históricos no pueden dar una imagen clara de las alternativas constantes, del batallar diario

---

[3] Alonso de los Ríos (1993: 133) citado por García Domínguez (2003: 37-38).

que supone la contestación llevada a cabo por un medio de comunicación a un régimen de censura desde dentro de ese régimen. Junto a las grandes declaraciones y manifestaciones en el exterior y el interior del país de los líderes contrarios a la dictadura, y junto a las sacrificadas experiencias de muchas personas opuestas al régimen franquista, estuvo también el «gota a gota» de labores como la de Delibes y muchos otros en la España de los sesenta y principios de los setenta, que consiguieron paulatinos avances con sus intentos de reforma y apertura. Algunos de los libros de memorias y epistolares de Delibes permiten al menos una mirada rápida a esa experiencia clave de la biografía de nuestro autor.

Las ratas (1962) y *Viejas historias* (1964), las dos obras mencionadas por Delibes en la cita, constituyen en efecto dos ejemplos muy valiosos de literatura de denuncia social sobre la situación del medio rural español. La perspectiva literaria de Delibes, sin embargo, sigue evolucionando, y durante esa larga década que va de principios de los sesenta a principios de los setenta produce, junto a nuevos relatos y varios libros de viajes de caza y de memorias, varias de sus novelas formalmente menos convencionales. *Cinco horas con Mario* (1966)*, Parábola del náufrago* (1969)*, El príncipe destronado* (1973) y *Las guerras de nuestros antepasados* (1975) mantienen a Delibes como uno de los autores españoles más leídos y más estudiados dentro y fuera de España. De entre esas obras destaca especialmente *Cinco horas con Mario*, considerada una de las mejores novelas de su autor. Se trata de un largo monólogo de una viuda ante el cadáver de su esposo. La versión que de la vida de Mario y de su matrimonio realiza Carmen abre su monólogo a las dobleces e ironías de un autor que critica muchas de las ideas y costumbres más arraigadas en la pequeña burguesía católica de la España del momento. *Cinco horas con Mario* es también la primera obra de Delibes que será adaptada para el teatro, en 1981. La seguirán *La hoja roja*, en 1987, y *Las guerras de nuestros antepasados*, en 1990.

Durante los años sesenta, mediante la aprobación de algunas nuevas leyes menos restrictivas, el régimen de Franco parece iniciar una ligera apertura que coincide con un nuevo impulso económico y de modernización del país, amparado en gran medida en el turismo europeo, la creciente inversión extranjera y las divisas de los numerosos emigrantes españoles en el exterior. Este «aperturismo» resulta en un evidente cambio de costumbres y de valores en buena parte de la sociedad española tradicional, así como en un rápido proceso de industrialización del país, lo que supondrá una nueva etapa de crisis para el campo castellano y español. Buena parte de la población rural emigra a los grandes núcleos urbanos en busca de trabajo, produciéndose un éxodo que deja muchas poblaciones al borde de la desaparición. El afán de rápida industrialización y transformación económica de esos años —acelerado en las décadas posteriores— se ha denominado en ocasiones «desarrollismo», y durante mucho tiempo las instituciones no han prestado atención suficiente a las consecuencias humanas y ecológicas de esa carrera hacia el progreso material. Delibes mantendrá su mirada atenta a éstas y otras situaciones del entorno español e internacional y las incorporará a sus textos literarios y ensayísticos. En 1975, su discurso de ingreso en la Real Academia Española —para la que había sido elegido en 1973— tratará precisamente de su preocupación por la suerte del mundo natural.

Hemos mencionado los años de 1974 y 1975 como momentos clave en nuestro recorrido por la biografía de Delibes. Para la historia de la España contemporánea, 1975, fecha de la muerte de Francisco Franco, supone el final de una larga dictadura y el cambio hacia un régimen político democrático y una sociedad completamente nueva. Un año antes, en 1974, había muerto Ángeles de Castro, la esposa de Delibes. Este fallecimiento supuso un duro golpe para el escritor, quien ha confesado que el hecho lo sumió en un profundo estado de depresión, del que le costará trabajo emerger. Su novela *Señora de rojo sobre fondo gris* (1991) es un homenaje a su esposa, publicado diecisiete años después de su muerte.

Durante los años de democratización posteriores a la muerte de Franco, Delibes recibirá el reconocimiento de su ciudad, su región y su país con numerosos premios y galardones. El ámbito académico nacional e internacional también concede a nuestro escritor los honores oficiales de profesor honorario y doctorados *honoris causa*. Delibes incorporará la nueva situación política a sus ficciones, presentando los conflictos entre la España rural y la urbana que, pese a los cambios, permanecen sin resolverse (*El disputado voto del señor Cayo*, 1978). En ocasiones, el autor se remonta unos años al pasado para presentar la continuada postración del campesinado, como en la novela *Los santos inocentes* (1981), cuya adaptación al cine (1984) por Mario Camus será una de las de mayor éxito de todas las realizadas a partir de novelas de Delibes y uno de los mejores largometrajes de la España reciente[4].

Mientras sigue cosechando numerosos reconocimientos a novelas individuales y al conjunto de su obra, nuestro autor

---

[4] En la página del Instituto Cervantes dedicada a Delibes (http://cvc. cervantes.es/ACTCULT/delibes/acerca/urrero.htm), Guzmán Urrero recorre la historia de las adaptaciones cinematográficas de obras de Delibes, siguiendo la información proporcionada por Ramón García Domínguez (1993). La lista de novelas y cuentos adaptados al cine o la televisión es muy extensa y se inicia con *El camino* (1963), dirigida por Ana Mariscal. En 1976, Antonio Giménez-Rico dirige una adaptación de *Mi idolatrado hijo Sisí*, titulada *Retrato de familia*. *La guerra de papá* (1977) se basa en *El príncipe destronado* y fue dirigida por Antonio Mercero. En 1981, *Función de noche* lleva a la pantalla la intensa y original mezcla de metateatro y documento de la actriz Lola Herrera, intérprete de la exitosa adaptación teatral de la novela *Cinco horas con Mario*. La siguiente adaptación al cine es la mencionada *Los santos inocentes* (1984). Con *El disputado voto del señor Cayo* (1986) vuelve a dirigir una novela de Delibes el director Antonio Giménez-Rico. De 1988 *El tesoro* es dirigida por Antonio Mercero, y en 1990 se estrena la versión fílmica de la primera novela del autor, *La sombra del ciprés es alargada*, dirigida por Luis Alcoriza. Giménez Rico vuelve a Delibes con su versión de *Las ratas* (1996). En 1998, Francesc Betriú adapta *Diario de un jubilado* en su largometraje *Una pareja perfecta*. Delibes ha sido presentado también en televisión. El escritor trabajó como guionista en los documentales *Tierras de Valladolid* (1966), realizado por César Ardavín, y *Valladolid y Castilla* (1981), de Adolfo Dofour. En 1977 volvió a adaptarse su novela *El camino*, esta vez para una serie televisiva dirigida por Josefina Molina. Dos de los cuentos de Delibes han sido llevados a la pequeña pantalla: *En una noche así* (1968), de Cayetano Luca de Tena, y *La mortaja* (1974), de José Antonio Páramo.

reorganiza algunas de sus textos anteriores para ediciones actualizadas —*Trilogía del campo* (1985), *Trilogía de la ciudad* (1986), *Trilogía encuentro de la ciudad y el campo* (1989)—. Todo ello encaja en el perfil de un autor consagrado y de obra cumplida, pero Delibes no deja de publicar nuevos libros de narrativa, de caza y ensayos y de viaje, y en 1998 sorprende con una gran novela histórica, *El hereje*, basada en la historia real de la persecución de una célula protestante por la Inquisición en el Valladolid del siglo XVI. La novela, un enorme éxito crítico y de ventas, abre la producción de Delibes al pasado histórico de su ciudad y de su país, es un texto a favor de la libertad de expresión y de consciencia y reaviva el interés de lectores y críticos en la literatura de este casi octogenario autor.

Debido a algunos problemas de salud, en los últimos años Delibes ha limitado sus intervenciones públicas, a pesar de lo cual ha mantenido un muy notable ritmo de publicaciones. Entre sus últimas colecciones de ensayos destacan la colección de crítica literaria *España 1936-1950: Muerte y resurrección de la novela* (2004) y el libro sobre los problemas ecológicos más acuciantes *La tierra herida* (2005), otra muestra de su constante preocupación por el medio ambiente, escrito en colaboración con su hijo, el biólogo Miguel Delibes de Castro. Delibes continúa viviendo en Valladolid y, aunque parece haber dado por concluida su producción literaria, se ocupa actualmente de la revisión y preparación de la misma para una nueva edición de sus obras completas que se quiere definitiva.

1.2. *Personalidad literaria e influencias*

Hay numerosos estudios sobre la trayectoria literaria de Delibes[5]. Como primera aproximación es muy recomendable el artículo de José Ramón González[6] que incluye una selección de referencias bibliográficas.

Si bien una carrera literaria tan prolongada como la de Delibes dificulta una síntesis satisfactoria, apuntaremos algunas guías para una posible aproximación preliminar que permita una lectura más provechosa de los textos reunidos en nuestra edición. Estas guías responden a tres contextos diferentes: los agrupamientos llevados a cabo por el autor y sus editores; los contenidos más recurrentes en la narrativa de Delibes; y, en tercer lugar, la historia literaria española en la que se desarrolla esa producción narrativa.

El autor ha realizado varios agrupamientos de su obra en marcha que constituyen intentos, aunque sin carácter definitivo, de clasificación y revisión de su labor literaria: unas obras completas, iniciadas en 1964 y de las que se publicaron cinco volúmenes, que incluyen algunas reflexiones clave para entender la génesis de los distintos textos de Delibes y su visión de los mismos con la perspectiva proporcionada por la distancia temporal; la mencionada división en tres

---

[5] Puede consultarse la bibliografía de Glenn G. Meyers, *Miguel Delibes. An Annotated Critical Bibliography*. Londres/Maryland y Lanham: The Scarecrow Press, 1999.

[6] «Miguel Delibes: los caminos de un novelista». Publicado en María Pilar Celma (ed.): *Miguel Delibes*. Valladolid: Universidad de Valladolid/Junta de Castilla y León, 2003, pp. 43-60.

trilogías del campo, de la ciudad y de encuentro entre ambos ámbitos; y por último la serie «Mis libros preferidos», iniciada en 1999, y que ha producido hasta el momento cinco volúmenes de los 12 proyectados. Este último ordenamiento, ajeno a criterios cronológicos de publicación, agrupa obras unidas por lo temático, por compartir personajes, o por sus propuestas ideológicas o narrativas. Sucede también que en varios momentos de su carrera Delibes parece haber querido completar, o al menos contrastar, una visión o experiencia narrada en alguna de sus novelas con otras novelas que ofrezcan una perspectiva diferente, o paralela, a la narrada en las primeras obras. Así, el mundo de la infancia y la paternidad de *Mi idolatrado hijo Sisí* se completa en cierto sentido con el de *El príncipe destronado*, y la visión masculina que está detrás de la voz femenina de *Cinco horas con Mario* se complementa con la perspectiva de género más amplia que guía *Señora de rojo sobre fondo gris*.

Finalmente, en 2007 se inicia la edición «definitiva» de la obra completa del autor, en siete volúmenes, con un orden cronológico para la narrativa y volúmenes dedicados a sus otros escritos, y realizada por Galaxia Gutenberg/Círculo de Lectores, editorial especializada en este tipo de proyectos. Utilizaremos algunos de estos agrupamientos para facilitar el recorrido por la abundantísima obra de nuestro autor y nos centraremos en su vertiente narrativa, la más numerosa y la más representada en nuestro volumen.

Hablando de lo recurrente de sus temas, personajes y escenarios, que para algunos críticos limitaba el interés de su ficción, Delibes aludía en el prólogo al primer volumen de sus obras completas a su gusto por los espacios rurales y los personajes sencillos:

> Entiendo que la buena novela puede ser, indistintamente, rural o urbana, y, por otra parte, preocupación siempre viva en mí ha sido el hallazgo de valores estables, de valores materiales permanentes y, hasta el día, no encontré otro menos engañoso que la naturaleza. En lo que atañe a mi preferencia por las gentes primitivas, por los seres elementales, no obedece a capricho. Para mí la novela es el hombre y el hombre en sus reacciones auténticas, espontáneas, sin mixtificar, no se da ya a estas alturas de la civilización (?), sino en el pueblo (1964: 9).

La preferencia de Delibes por los niños como protagonistas de muchos de sus relatos obedece también sin duda a ese deseo de acercarse al fondo auténtico del ser humano. Por otro lado, el interrogante colocado tras «civilización» también es significativo de la actitud crítica que a lo largo de su obra narrativa y ensayística ha mantenido Delibes sobre el progreso y los abusos contra sociedades y medios naturales perpetrados en su nombre. Si bien este comentario de Delibes data de 1964, no es muy descaminado afirmar que el progreso, los personajes sencillos y el campo son tres de los elementos clave en la obra de nuestro autor, y de manera evidente en los textos de nuestra edición. Ello no implica que no existan en Delibes otros motivos recurrentes. Cuatro años después de la cita anterior, en 1968, en el prólogo al segundo volumen de sus obras completas, el autor enuncia cuatro temas básicos de su obra hasta ese momento: «muerte, infancia, naturaleza y prójimo» (1964: 8). Precisamente en ese volumen Delibes decide reunir sus textos dedicados a la caza, protagonista de varios textos no estrictamente literarios y centro o tema importante de muchas de sus creaciones de ficción (*Diario de un cazador, Viejas historias, Los santos inocentes*) o de textos híbridos (*La caza de la perdiz roja*). El mundo de la ciudad también aparece repetidas veces en su obra, en ocasiones como contrapunto al ámbito rural de otros de los personajes (*La hoja roja, El disputado voto del señor Cayo*) y, de manera más independiente, como espacio de una burguesía de horizontes ideológicos y vitales muy limitados (*Mi idolatrado hijo Sisí, Cinco horas con Mario*).

Una posible división de la historia literaria española de la posguerra y la época de Franco —1939 a 1975— y la época democrática —a partir de 1975— consiste en establecer tres grandes períodos, en una clasificación en la que predominan criterios formales y de contenido y, en menor medida, generacionales:

1. Época de predominio de la novela social-realista y sus distintas configuraciones, hasta los años sesenta; con intención documental y enfocada en los grupos menos favorecidos de la sociedad.

2. A comienzos y mediados de los años sesenta y hasta los años setenta se da una época de atención menos urgente a los contenidos de la realidad político-social y de mayor experimentalismo formal, con atención a la elaboración lingüística y con trama y caracterización poco convencionales.

3. A finales de los setenta, y más claramente a partir de los años ochenta, hay un retorno a una narrativa interesada

en la trama y los personajes. Desarrollada con el impulso de la llamada «generación del 68[7]» y descrita inicialmente como literatura «posmoderna», la producción narrativa de este período abrirá paso, en un movimiento que llega hasta la actualidad, a un campo literario y editorial mucho más complejo y cambiante, sin una dirección dominante, con grandes autores consagrados y varios *best sellers* emblemáticos, con grandes éxitos de novelas «de género» (históricas, de detectives, etc), así como con autores menos convencionales y autores de generaciones anteriores que siguen produciendo una obra de calidad. Como señaló en su momento el crítico Sanz Villanueva, desaparecen ahora los grupos, escuelas o tendencias declaradas y programas, y el referente para el análisis del campo literario español pasará a ser el escritor individual[8].

Podemos encontrar obras de Delibes en las tres tendencias generales descritas, aunque, en muchos casos, son precisamente algunas de sus novelas y un pequeño número de títulos de otros autores los que inician o permanecen como muestras destacadas de una dirección determinada. Éste es el caso de *El camino* que, en 1950, fragua el éxito del neorrealismo narrativo; de *Cinco horas con Mario*, ejemplo de

---

[7] Agrupa a autores nacidos en los años cuarenta, como Luis Mateo Díez, José María Merino, Lourdes Ortiz, Juan Pedro Aparicio, y elige la fecha emblemática de 1968 como años de culminación y declive de las esperanzas revolucionarias de la juventud norteamericana y europea de los años sesenta.

[8] Santos Sanz Villanueva. *Historia de la literatura española. Literatura actual*. Barcelona: Ariel, 1984.

exploración de nuevos caminos formales en los años sesenta;
o de *El hereje*, una de las novelas históricas de más éxito en
los años ochenta. Con estos criterios como guías generales, repasemos ahora con más detenimiento la producción
narrativa de nuestro autor, especialmente aquella en la que
entran las narraciones aquí incluidas, la publicada entre los
años 1950 y 1966.

1.3. *La narrativa de Miguel Delibes en su contexto histórico y cultural*

1.3.1. *Inicios, «neorrealismo» y crítica social*

En varias ocasiones, Delibes ha descrito sus dos primeras
novelas como obras primerizas que muestran las limitaciones
técnicas de un escritor lanzado de lleno a la escena literaria
en un período de tiempo relativamente corto. *La sombra del
ciprés es alargada* (1948) narra en primera persona la peripecia
de Pedro, un huérfano atenazado por su obsesiva preocupación por la muerte, de la que pretende escapar alejándose
de su circunstancia geográfica y social mediante el exilio
y su matrimonio con una mujer ajena a su entorno. Con
un estilo narrativo directo y sobrio, Delibes dramatiza esa
preocupación por la mortalidad del personaje con apuntes
filosóficos próximos a un existencialismo cristiano, en un
relato que dibuja con economía y bastante acierto las circunstancias concretas que acompañan el pesimismo vital y
la búsqueda de la esperanza de su protagonista. *Aún es de día*
(1949) tuvo una historia editorial accidentada, primero por
sus problemas con los censores y luego por el desdén que el
propio autor manifestó hacia esta segunda novela, mutilada

por la censura y publicada prematuramente, en un intento quizás precipitado de establecerse como novelista tras el éxito de su primera novela.

Ya hemos indicado que es con su tercera novela, *El camino* (1950), con la que Delibes inicia su sólida andadura de narrador y contribuye a establecer en España la corriente narrativa que intenta presentar con objetividad las circunstancias menos favorables, más injustas, de la sociedad en la que vive el escritor. Como explica Gonzalo Sobejano (1993), esta corriente narrativa tiene dos momentos, el primero «neorrealista» y el segundo, de crítica más severa y de mayor disciplina en el uso de recursos narrativos, que se corresponde con lo que se denominó «novela social». *Las ratas* (1962) es probablemente la novela de Delibes más próxima al paradigma de la «novela social».

El protagonista, Daniel, apodado el *Mochuelo*, es un niño de una pequeña aldea del norte de España —ya indicamos que el escenario de la obra es un trasunto de Molledo Portolín, destino del abuelo francés de Delibes— que describe el entorno natural y humano de su pueblo antes de salir a estudiar a la ciudad. El Mochuelo es el primero de una larga serie de protagonistas infantiles en las novelas de Delibes. Además de su interés confesado por los seres inocentes o primitivos, la perspectiva infantil —que no ingenua— es un conducto muy apropiado para la mezcla de, por un lado, la emoción provocada por la realidad natural, y por otro la objetividad sin prejuicios que Delibes irá mostrando en muchas de sus narraciones. Otros rasgos de *El camino* que reaparecerán en la narrativa posterior de Delibes son, en el plano temático, el recelo que Daniel muestra ante la superioridad del progreso y la ciudad frente a la vida rural y la naturaleza, superioridad planteada por los adultos como algo evidente e incuestionable. Conectada con lo anterior, aparece también en *El camino* la consciencia de los efectos demoledores del paso del tiempo en la vida de los pueblos y los hombres. Este último tema, tan universal, está presentado por Delibes con gran habilidad, dada la escasa edad del protagonista y lo reducido del marco temporal del relato. «La mortaja», como veremos luego, insistirá en estos temas, con el mérito literario añadido de hacerlo dentro de un espacio narrativo todavía más limitado, el del relato. En la colección «Mis libros preferidos» Delibes agrupará precisamente *El camino*, «La mortaja» y la novela de 1959 *La hoja roja* en un volumen titulado *Los estragos del tiempo*.

Desde un punto de vista formal, en *El camino* asoma ya el repertorio de diferentes técnicas con las que Delibes marca su peculiar ritmo narrativo, en especial mediante las repeticiones y variaciones de las *deixis* o referencias a los personajes, al entorno espacial y a la cronología. Amparadas en una concepción del lenguaje literario empapado de rasgos de la lengua oral, en nuestro análisis de *Viejas historias* y «La mortaja» veremos cómo no sólo se trata de una cuestión de simplicidad de la expresión oral frente al artificio literario de la escritura, sino que estamos ante un repertorio que revela un entendimiento profundo de las operaciones que los lectores realizan, de manera más o menos consciente, para orientarse en su lectura de los textos narrativos.

En 1953, tres años después de *El camino,* Delibes insiste en el protagonismo de los niños con *Mi idolatrado hijo Sisí,* aunque las diferencias entre ambas novelas son notables. De marco temporal más amplio, de ambientación urbana y de trama más compleja, con tintes cercanos al melodrama, *Mi idolatrado hijo Sisí* cuestiona la capacidad de los seres humanos para dirigir y planear de manera egoísta los destinos de nuestra descendencia y nuestro entorno. El protagonista es realmente el padre de Sisí, Cecilio Rubes, un comerciante acomodado que decide, con su mujer, tener un hijo tras unos años de existencia tranquila, vividos sin los inconvenientes y peligros que imaginaban que traería consigo tener descendencia. Sisí crece como hijo único, malcriado por sus progenitores, y resulta un niño y joven bastante odioso que viene a ser, en cierto sentido, la antítesis del Daniel de *El camino.* Corren los años del inicio de la Guerra Civil y Sisí, enamorado de la hija de sus vecinos, tiene que alistarse en el ejército. El trágico final de la obra y las sorpresas de la trama subrayan la dificultad de mantener la esfera privada y personal al margen de las «manchas» —el negocio de Rubes es de baños— con que nos salpican la naturaleza, la sociedad y la historia. Delibes encarna estos problemas en un mundo que conocía bien, la burguesía de una pequeña ciudad a principios de la Guerra Civil, un segmento social y un momento histórico a los que volverá en momentos posteriores de su obra con la actitud crítica y desmitificadora que ya asoma en *Mi idolatrado hijo Sisí.*

El mundo rural y el mundo urbano de las dos novelas anteriores convergen en *Diario de un cazador,* de 1955, cuyo

protagonista, Lorenzo, consigue establecerse en la imaginación del lector mediante su personal y auténtica perspectiva
acerca de los pequeños eventos que ocupan su existencia
laboral en la ciudad y sus incursiones cinegéticas al campo,
ámbito en el que encuentra sus horas más felices. Lorenzo
renuncia a abandonar lo que podemos llamar una visión
natural del mundo fraguada en el pueblo y el campo, y
que choca con las realidades urbanas. Es una perspectiva
cristalizada en su manera de expresarse, un lenguaje que
caracteriza y va puliendo la imagen de uno de los personajes
más acabados de su autor. En nuestro repaso por la trayectoria narrativa de Delibes, esa perspectiva de desafío frente
a las convenciones de lo urbano y el mundo moderno puede
considerarse una materialización de las expectativas que
inquietaban al protagonista infantil de *El camino*, y también
un anuncio de lo que, en versión desdoblada, será la tensión
que alimenta la relación de los protagonistas de *La hoja roja*
(1959). Pero el mayor logro de la novela es Lorenzo, uno de
esos personajes que para Delibes son piedra de toque de las
novelas más logradas:

> una novela es buena cuando, pasado el tiempo después
> de su lectura, los tipos que la habitan permanecen vivos en
> nuestro interior, y es mala cuando los personajes, transcurridos
> unos meses de su lectura, se confunden con otros personajes
> de otras novelas, para finalmente olvidarse. El personaje es
> para mí el eje de la narración y, el resto de los elementos que
> se conjugan en una novela deben plegarse a sus exigencias
> (2004: 126).

La conseguida creación de Lorenzo en *Diario de un cazador* lleva a su autor a producir otras dos novelas centradas en él: la muy valiosa *Diario de un emigrante* (1958) y, más de treinta años después, la que cierra esta trilogía de Lorenzo, *Diario de un jubilado* (1995). *Diario de un emigrante* narra la experiencia de Lorenzo y su esposa en Chile. La novela aprovecha el viaje de Delibes a tierras americanas descrito en su volumen de viajes *Un novelista descubre América (Chile en el ojo ajeno)* (1956) y tiende un puente narrativo —no demasiado frecuente en las letras peninsulares— entre España e Hispanoamérica.

La hoja roja (1959) supone otro paso adelante en la carrera literaria de nuestro autor. Hemos apuntado ya dos notas clave de esta novela: su pertenencia a la serie *Los estragos del tiempo* y la confluencia de los mundos urbano y rural. Estos dos ámbitos están encarnados en otras dos logradas creaciones literarias de Delibes: Eloy, un empleado que se jubila en una ciudad de provincias, y *la Desi*, una joven de pueblo que trabaja de criada en casa de Eloy. Además de la tensión entre ciudad y campo la pareja escenifica también otras oposiciones más o menos convencionales, aunque todas ellas fundamentales: la de la juventud frente a la vejez, la de lo femenino frente a lo masculino y la del señor frente al siervo. Sin embargo, al compás de esa dinámica de oposiciones y de su roce en las inhóspitas circunstancias del tiempo se va componiendo un acercamiento, más que de dos mundos, de dos seres humanos cuya relación desmiente las devaluadas concepciones de familia, comunidad civil y comunidad laboral en la España de finales de los años cincuenta. Toda la novela tiene un tono agridulce, sombrío, de distanciado afecto por unos personajes que —de nuevo— son creaciones vivas, reticentes a encarnar una ideología o a hacer de portavoces de cualquier idea que, bienintencionada o injusta, no sea auténticamente suya.

Ya hemos apuntado que las dificultades impuestas por la censura para llamar la atención sobre las situaciones de injusticia desde la prensa llevan a Delibes a abandonar su puesto de director de periódico y a trasladar su denuncia a la novela. *Las ratas* (1962) es la obra de Delibes que mejor encajaría en lo que Sobejano llamaba segunda «oleada» de la literatura objetivista y de crítica, la «novela social». Los rasgos que la caracterizan son para Sobejano los siguientes:

> Se quiere entonces atestiguar en la narrativa estados colectivos de infructuosidad laboral y soledad […] el protagonista se hace colectivo, o bien típico más que individual; se acentúa la reducción de espacio y tiempo; destacan la inmovilidad de las circunstancias y la pasividad de los personajes; la estructura propende a la fragmentación como vehículo de la separación de los grupos sociales; y el lenguaje conversacional sintomatiza la clase o sector social más que la individualidad. Un propósito ético mueve a los narradores: dejar testimonio veraz del estado de su pueblo a fin de preparar el cambio o fomentar la consciencia de la necesidad de cambiar. Les anima un afán de justicia colectiva, agudizado por la comprobación de una sociedad que no alcanza por ese tiempo ni justicia, ni bienestar, ni libertad (1993: 45).

En el prólogo al tercer volumen de sus *Obras completas* (1968) Delibes reflexiona sobre ese marbete de «social», y si bien marca sus distancias respecto al mismo entendido como una cuestión exclusivamente económica o de clase a la hora de analizar los problemas de la sociedad española del momento, declara abiertamente que «la actual sociedad española me parece deficientemente estructurada y que junto a los que tienen mucho, viven los que tienen poco o no tienen nada, de tal forma que se está haciendo por días urgente una revisión» (8-9). Ante esa situación injusta, Delibes apela a uno de los motivos recurrentes en su obra, el sentimiento del prójimo y la necesidad de establecer y retomar conexiones con nuestros prójimos, tanto por cuestiones de justicia económica como por el peligro deshumanizador y de aislamiento que suponen las nuevas tecnologías y modos de vida.

Las ratas (1962) presenta la situación de pobreza y de injusticia extremas de unos personajes de una aldea castellana, seres abandonados al gobierno impredecible y arbitrario de la cruel climatología de la zona y de don Antero, cacique propietario que mantiene unas condiciones de injusticia social apoyado en la desatención y la mala política de las instituciones del gobierno. *Las ratas* contiene muchos de los elementos enumerados por Sobejano para la novela social, en especial en lo temático y en la postura ética y de crítica social del escritor, aunque Delibes, frente a la tendencia al «personaje colectivo», permanece fiel a su gusto por la creación de personajes singulares, de carne y hueso. La pareja de *el tío Ratero* y el niño *el Nini*, en especial este

último, pasarán a ocupar la galería de grandes creaciones
de la literatura española del siglo XX. Padre e hijo se dedi-
can a la caza de ratas de agua para sobrevivir en ese medio
hostil. El Nini muestra la lucidez sin compromisos de los
personajes infantiles de Delibes y su perspectiva contrasta
con la experimentada desilusión del Ratero, al tiempo que
intensifica la crueldad y desesperación de muchas de las
escenas de la novela.

1.3.2. *Etapa de exploración narrativa*

Cinco horas con Mario suele considerarse una de las
novelas que abren un nuevo período no sólo dentro de la
producción de Miguel Delibes, sino también de la novela
española en los años sesenta[9]. Publicada en 1966, esta obra
continúa la crítica social presente en *Las ratas* aunque ahora
el entorno y la condición de los protagonistas sean diferentes.
Mientras vela el cadáver de su marido Mario durante una
noche, Carmen, la viuda, se dirige a él en un monólogo
lleno de reproches hacia su ideología, sus costumbres y sus
defectos como hombre en lo laboral, lo social y lo sexual. En
la novela sólo figura la voz de Carmen, pero esta narradora
«indigna de confianza» muestra claramente a través de sus

---

[9] Autores de varias generaciones de posguerra se suman, como Delibes, a esa renovación formal, produciendo hitos como *Tiempo de silencio*
(1962) de Luis Martín Santos (1924-1964), *Señas de identidad* (1966) y
Reivindicación del conde don Julián (1969) de Juan Goytisolo (1931), *Volve-
rás a Región* (1967) de Juan Benet (1927-1993), *La saga/fuga de J. B.* (1972)
de Gonzalo Torrente Ballester (1910-1999), *Si te dicen que caí* (1973) de
Juan Marsé (1933), y *Recuento* (1973) de Luis Goytisolo (1935).

contradicciones, ocultamientos y exageraciones, que el autor no sólo no comparte esos reproches, sino que el centro de su denuncia es precisamente el núcleo de ideas y actitudes de Carmen y de un sector de la clase media española en esos años sesenta. Mario, de ideas más liberales en lo social y lo religioso que su esposa, representa en cierto modo los ideales de apertura que intentaban abrirse paso en ese momento en el país y que chocaban con lo sectores más inmovilistas.

El ímpetu de exploración de nuevas formas narrativas y, en lo temático, la desilusión y el pesimismo en las posibilidades de la humanidad del momento culminan en Delibes en 1969 con la publicación de *Parábola del náufrago*, una fábula antiutópica en la que se escenifican los aspectos más deshumanizadores de la burocracia, la política y la industrialización. La alienación del protagonista, Jacinto San José, por la organización a la que se debe y que lo va aniquilando está narrada con un estilo exasperado, alienado y anticonvencional que entra de lleno en algunos de los experimentos más radicales de las nuevas tendencias narrativas del momento. Es evidente que la deshumanización que se critica está dramatizada no sólo en la peripecia que se narra, sino también en la manera de hacerlo.

En las transcripciones del extenso diálogo entre un paciente —el inadaptado Pacífico Pérez— y su psiquiatra sobre las acciones un tanto inexplicables del protagonista que constituyen *Las guerras de nuestros antepasados* (1975) se ha visto una reflexión sobre la falta de justificación de la violencia, una constatación de la perplejidad de Delibes ante la facilidad del ser humano para los comportamientos violentos y un comentario indirecto sobre esas tendencias, que culminaron en la Guerra Civil, en el caso concreto de los españoles. Con esta novela y con la siguiente, *El príncipe destronado* —aparecida en 1973, pero escrita originalmente en 1963— es evidente que la experimentación narrativa se atenúa, aunque la focalización de la narración en la perspectiva de un niño de tres años y en un marco temporal de sólo unas horas supone un indudable desafío de composición. Hemos conectado esta obra con *Mi idolatrado hijo Sisí* como dos acercamientos diferentes al mundo de los niños y la familia de clase media en la ciudad y, en ambos casos, se mantiene la mirada objetiva y crítica con que Delibes retrata a la burguesía provinciana.

Entrada la década de los setenta se da en España, como apuntamos más arriba, un retorno a formas narrativas más convencionales, y sobre todo el final de un campo literario guiado por tendencias bien definidas. Hasta 1998, fecha de publicación de su última novela, *El hereje*, Delibes producirá obras muy diversas, retomando algunos de sus motivos más recurrentes, explorando géneros nuevos, como el epistolar o el histórico, y versiones ligeras de la novela política y de intriga. Al mismo tiempo, producirá dos de sus obras de ficción con mayor carga autobiográfica.

1.3.3. *Última etapa*

Entre las obras siguientes, hay tres novelas de contenido y estructura menos complejos y, en cierto sentido, menos ambiciosas literariamente: *El disputado voto del señor Cayo* (1978), *El tesoro* (1985) y *Cartas de amor de un sexagenario voluptuoso* (1983). Las dos primeras describen con acierto la falta de sintonía entre el mundo rural y la ciudad incluso en la época de mayores libertades democráticas y de desarrollo social y cultural de la España contemporánea. La tercera es una novela epistolar, en la que destaca la presentación del mundo del periodismo, que Delibes conoce de primera mano.

Señora de rojo sobre fondo gris supuso un gran éxito de ventas para Delibes. La obra, monólogo elegíaco de un pintor ante el retrato de su esposa muerta, es algo endeble pero se sustenta, aunque no explícitamente, en dos «subtextos» muy importantes para los lectores fieles del autor y a los que ya hemos aludido: en la experiencia autobiográfica de la muerte de la esposa de Delibes en 1974, y en la existencia de un texto anterior, *Cinco horas con Mario*, con respecto al que actúa como complemento o contrapartida.

Con la mención breve de tres obras de mayor ambición y calidad literarias, *377A, madera de héroe*, *Los santos inocentes* y *El hereje*, cerramos nuestro recorrido por la narrativa de Delibes para pasar a ocuparnos de las obras incluidas en nuestra edición.

Gervasio de Lastra es el protagonista de *377A, madera de héroe* (1987), un acercamiento más explícito a un episodio importante en la vida de Miguel Delibes y trascendental en la historia contemporánea de España, la Guerra Civil española (1936-1939). Ya se ha dicho que Delibes se alista en 1938 en la marina de los militares sublevados contra el gobierno de la República. Con la ciudad en poder de los nacionales y, según ha confesado el autor, prefiriendo el destino en el mar a la posibilidad de tener que alistarse en el ejército de tierra y enfrentarse al combate directo, la decisión de Delibes no es ni mucho menos excepcional en un conflicto que enfrentó en dos bandos irreconciliables a muchos españoles que no participaban de esa visión enfrentada e irreconciliable de la nación ni del ser humano. El carácter arbitrario, azaroso, absurdo y —de ahí la ironía del título— escasamente heroico de un buen número de las peripecias del protagonista y muchos otros personajes está dramatizado en una narración muy bien ambientada en unos escenarios y una época que Delibes conoció de primera mano.

Los santos inocentes (1981) retoma elementos de la etapa neorrealista y social de Delibes, ya que narra la situación de injusticia y pobreza extremas de un grupo de campesinos en una finca de Extremadura durante la época franquista. Es un ámbito cuasi feudal, en el que la práctica de la caza por parte de los aristócratas pondrá de manifiesto su crueldad y provocará la reacción de «justicia poética» de Azarías, uno de los muchos seres desvalidos y simples que habitan las novelas de Delibes. El lenguaje caracteriza a los personajes, a ese colectivo de campesinos abandonados que constituyen los «santos inocentes» del título; la postura ética de Delibes empuja aquí a esa mencionada justicia poética, que por cierto no se daba en muchas de sus obras anteriores.

El hereje (1998) cierra la producción narrativa de Delibes con una nota muy alta. Ya hemos indicado que se trata de un relato histórico centrado en las actividades y el ulterior juicio de una célula de protestantes en el Valladolid del siglo XVI. Delibes demuestra sus facultades narrativas al emprender una novela histórica que consigue representar muy bien el mundo cotidiano y las ideas en conflicto del momento a través de otro personaje labrado con sabiduría y paciencia, Cipriano Salcedo. Su personalidad inquieta y su búsqueda de nuevos horizontes personales y religiosos chocan con una sociedad española muy mal dispuesta para enfrentarse a los grandes cambios que se producen en la Europa de la época.

2. LOS TEXTOS DE ESTA EDICIÓN

Siguiendo las coordenadas que hemos trazado anteriormente, todos los textos de nuestra edición entrarían en la primera etapa. El relato «La partida» (1954) pertenece a los inicios y tanteos narrativos de Delibes; «La mortaja» (1957) al momento neorrealista y de consolidación de su técnica y mundo literario, emblematizada en *El camino*; *Viejas historias de Castilla la Vieja* (1964), por último, a la prolongación de esa etapa en textos más abiertamente críticos de la situación de la Castilla rural, de los que sería ejemplo más representativo *Las ratas*. Se trata en todos los casos de narraciones breves, género que Delibes ha cultivado sin demasiada continuidad si consideramos su producción novelística, pero en el que es reconocido como uno de los mejores autores en lengua castellana. En nuestra presentación seguiremos el orden en que los textos aparecen en la edición, que es precisamente el inverso al cronológico. He de señalar, también, que dedicaremos mayor espacio a la presentación de *Viejas historias de Castilla la Vieja* que a los otros textos, dado que —frente a, por ejemplo, «La mortaja»— ha recibido una atención crítica más bien escasa. Creo, además, que es un texto muy valioso como obra literaria y como documento de la historia literaria e intelectual de España.

2.1. *Viejas historias de Castilla la Vieja*

Está compuesto por diecisiete unidades que aparecieron acompañando a una serie de grabados del artista catalán Jaume Pla, en una edición especial para bibliófilos, de 150 ejemplares, en 1960[10]. Se trata de un proyecto de calidad, en el que Delibes se une a uno de los grabadores y a dos de las empresas bibliográficas de más prestigio de la época: la editorial catalana de La Rosa Vera, fundada por el propio Pla, y la impresora francesa SADAG. El libro cuenta además con un prólogo, muy elogiado en su momento por Delibes, de Pedro Laín Entralgo, por esos años uno de los intelectuales más prestigiosos en España. Delibes explicaba así la colaboración y la génesis de estos textos:

---

[10] *Castilla*. Barcelona: Edicions de la Rosa Vera, SADAG, 1960. Jaume Pla i Pallejà (1914-1995) fue uno de los artistas grabadores más importantes del siglo xx en España, formó parte de un grupo de artistas catalanes conectados inicialmente con el novecentismo artístico y su legado, y dedicados a producir obras de cuidadísima elaboración formal y material. En 1949, con apoyo económico de Víctor M. D'Imbert, Pla funda las ediciones de la Rosa Vera con el propósito de presentar las colaboraciones de escritores y artistas gráficos de la época. La colección incorporará algunos de los mejores nombres del mundo del arte y de las letras.

es ésta la primera vez que yo he llegado a la naturaleza a través de un artificio —la obra de otro artista— lo que quiere decir que los grabados de Plá sobre Castilla son persuasivos y convincentes. No fue, pues, Plá quien ilustró mis textos, sino mis textos los que ilustraron los grabados de Plá. [...] si yo acepté este encargo —ya digo que yo no llamo a los temas sino que son los temas los que me llaman a mí— fue más que porque las razones económicas fueran estimulantes, porque los grabados de Plá me resultaron sugeridores (1966: 17).

Posteriormente, en 1964, la editorial Lumen publicará una nueva edición de los textos, ilustrados esta vez con fotografías del fotógrafo Ramón Masats[11], quien explica así su colaboración con Delibes:

Con Delibes hice el libro *Viejas historias de Castilla la Vieja*. La editorial Lumen por entonces publicaba una serie de libros que se llamaban Palabra e Imagen, que consistían en coger a un escritor y a un fotógrafo para hacer un libro mitad imagen, mitad palabra. Y me vinieron con un texto de Delibes y me dijeron si me gustaría hacer las fotos. Dije que me encantaría. Pregunté a Delibes, ¿donde situarías esto geográficamente? Y me dijo que por la zona de Valladolid que se llama Tierra de Campos[12], así que estuvimos dando una vuelta durante todo un día con el coche enseñándome muy someramente los sitios.

---

[11] Ramon Masats (1931) es una de las primeras figuras de la fotografía española de la segunda mitad del siglo xx.

[12] La llamada «Tierra de Campos» es una comarca en la esquina noroeste de la provincia de Valladolid, y de las zonas adyacentes de tres provincias limítrofes: León, Palencia y Zamora.

Luego volví solo y fue cuando fui haciendo el libro, pero ya
más o menos delimitado por lo que él me había enseñado[13].

Masats nos da la ubicación que Delibes otorgó a sus textos a partir de las imágenes de Jaume Pla, en un itinerario
circular que va desde la imagen gráfica de Pla a la palabra
escrita de Delibes y de ahí a la realidad de Tierra de Campos, hasta llegar a la fotografía de Masats. Interesa destacar
cómo el referente espacial exterior al texto pasa de ser una
representación artística, en la colección de grabados de Pla,
a una realidad concreta y existente en las fotografías de Pla.
Narrativamente, *Viejas historias* opera precisamente con
esas dos características de su génesis e historia editorial: el
carácter circular y el ritmo conseguido por la oscilación de
la *deixis*.

En la primera ordenación de su producción —las *Obras
completas*— Delibes incluye *Viejas historias* en el segundo
volumen, dedicado a la caza; justifica su decisión con el
hecho de que se trata de un texto «que si no es estrictamente
cinegético, sí está cercanamente emparentado con la caza»
(1966: 16). En el mismo prólogo, el autor alude a esta obra
como «novela corta», descripción genérica que no ha tenido
demasiado eco entre la crítica pero que, a mi juicio, es más
acertada que esa clasificación temática como «libro de caza»,
adscripción para mí bastante discutible. Hay en *Viejas his-*

---

[13] «Ramón Masats: "Me gustan los tópicos" por Eva María Contre-
ras». *Babab* nº 6, enero 2001 <http://www.babab.com/no06/ramon_
masats.htm>.

torias, efectivamente, numerosas menciones a la caza, como las hay a la agricultura, a la naturaleza, a las relaciones entre el gobierno y la aldea, a la religiosidad de sus habitantes, a sus costumbres amorosas, a la crónica de sucesos, a la emigración, a la incomprensión mutua entre el campo y la ciudad, etc. Esa discutible adscripción cinegética y el hecho de ser un texto ligado a la imagen gráfica es lo que quizás explique que a partir de 1969 *Viejas historias* se publicara a menudo con ese añadido de *La caza de la perdiz roja*, texto éste, evidentemente, de clara naturaleza cinegética.

Estructurada en 17 secciones y con un censo de casi 40 personajes, *Viejas historias de Castilla la Vieja* se nos presenta a través de Isidoro, narrador en primera persona y encargado de contarnos su historia, que tiene tres momentos principales:

1. su primera salida del pueblo a la ciudad para estudiar;

2. su posterior salida para escapar de la pobreza, como emigrante a Bilbao y posteriormente a América Central;

3. su regreso al pueblo, momento que se narra en la última sección —titulada precisamente «El regreso»— y que debemos considerar como punto cronológico en el que se encuentra la voz narrativa que nos llega.

Su historia parece a primera vista fundamentalmente eso, un eje muy poco desarrollado en el que se engarza el grueso del texto. Aunque en algunos de los episodios Isidoro es el protagonista, en muchos otros se limita a ser testigo o a contarnos lo que ha escuchado en boca de otros personajes. Al hilo de su narración, Isidoro nos describe el paisaje de su pueblo y los alrededores, numerosísimos personajes y diversos sucesos, muchas de sus costumbres y cómo la situación de la zona no ha cambiado sustancialmente en todo el tiempo que ha estado fuera. A ello se refería Delibes en el prólogo del segundo volumen de las obras completas, en 1966: «Isidoro […] verifica esta lastimosa situación. Salvo el riesgo asfáltico del camino, no se ha producido allí ninguna alteración; ni la civilización ni la cultura han llegado todavía» (17). Como hemos indicado, a diferencia de otras obras de Delibes, el personaje del narrador en primera persona parece no estar aquí desarrollado de manera sustancial. Tenemos unas referencias muy escuetas a su peripecia de emigración y sirve más bien como testigo y localizador-vocalizador de las historias de los demás personajes. Quizás convenga matizar nuestra afirmación diciendo que la primera sección sí figura un episodio caracterizador de Isidoro, aunque aquí, como en otros momentos del texto, junto a su caracterización como personaje «de carne y hueso» se nos dan datos sobre su condición de narrador y su perspectiva ante la historia que nos ofrece. A pesar de ello, Delibes demuestra su control de la técnica del narrador en primera persona, lejos de los tanteos de *La sombra del ciprés es alargada* y cercano a la seguridad y «decoro»[14] de narradores como el Lorenzo de los diarios.

---

[14] El decoro teatral designaba la habilidad del autor para hacer hablar a los personajes de manera verosímil, de acuerdo con su condición y formación. Usamos pues este término en un sentido lato, aludiendo a la capacidad de Delibes para representar el habla de sus personajes. No es una presentación directa, de grabación, es una representación que no

Temáticamente, podemos resumir el contenido de *Viejas historias* con el siguiente esquema:

1. *El pueblo en la cara.* Isidoro sale del pueblo para ir al colegio en la ciudad y sufre las bromas y el desprecio de profesores y compañeros. Más adelante decide emigrar, y con los años y la distancia su pueblo va cobrando para él una imagen mucho más favorable, que, nos dice, no saben ver los de la ciudad.

2. *Aniano el Cosario.* Isidoro recuerda el día de su partida, la conversación con Aniano, la ansiedad que siente al dejar el pueblo, describe algunos de los puntos más destacados de su paisaje y relata la muerte de su madre.

3. *Las nueces, el autillo y el abejaruco.* Aparecen más personajes, la Bibiana y su desconfianza del tendido eléctrico que llega al pueblo, el rico don Benjamín, el cura don Justo de Espíritu santo y se cuentan episodios relacionados con la caza, los pájaros y los árboles del pueblo. Se alude a lo caprichoso del clima.

4. *La pimpollada del páramo.* Isidoro habla ahora de paisaje del este, el páramo y lo imponte de su desolación y desnudez, de los intentos infructuosos de repoblación forestal y de los problemas de su padre con la falta de aplicación de Isidoro a las labores del campo.

5. *Los hermanos Hernando.* Sigue describiendo la geografía de los alrededores y presenta a los tres hermanos Hernando,

renuncia a las técnicas y recursos literarios y estilísticos de un escritor ya muy avezado en su técnica neorrealista. No se trata sólo de que estos personajes hablen como lo que son sino también de que narren bien.

llenos de secretos sobre sus tierras y técnicas agrícolas. Aparece también Silos, el pastor, en relación con otro episodio de caza.

6. *El teso macho de Fuentetoba*. Se habla de la tía Marcelina, del vecino pueblo de Fuentetoba, donde un teso de piedra —la Toba— domina el paisaje. Narra varios episodios del amor de su padre y suyo hacia la tía Marcelina y a su muerte.

7. *Las cangrejadas de San Vito*. Isidoro habla ahora de los arroyos, riachuelos y ríos de la zona, y de la pesca del cangrejo, con sus distintas técnicas y varias historias. Se alude también al asesinato de la Sisinia, de la que se hablará en la sección siguiente.

8. *La Sisinia, mártir de la pureza*. Un trabajador temporal intenta violar a una joven de veintidós años del pueblo, ésta se resiste y el violador la mata a puñaladas. La historia de la Sisinia y su trágica muerte es aprovechada por el cura para predicar sobre la fortaleza y las virtudes cristianas y para hacer de la Sisinia una especie de santa local. El cura describe la flora y la ubicación de la cruz plantada en el lugar del crimen con interpretaciones alegóricas que continúan en la sección siguiente.

9. *Las murallas de Ávila*. El cura publica una hoja informativa con los milagros atribuidos a Sisinia e Isidoro cuenta algunos de ellos. Aprovechando que el asesino y la autora de una donación para Sisinia eran de Ávila, el cura vuelve a sus interpretaciones alegóricas con las murallas de esa ciudad, centro emblemático de historias de santos históricos y

apócrifos —de Santa Teresa a San Segundo[15]— y escenario
principal de la primera novela de Delibes, *La sombra del
ciprés es alargada*.

10. *Los nublados de Virgen a Virgen*. Isidoro cuenta la
fuerza de las tormentas eléctricas en el páramo, las prác-
ticas de su tía Marcelina en esas ocasiones —mezcla de
religiosidad ortodoxa y de superstición— y una tormenta
en especial en la que su padre casi pierde la vida alcanzado
por un rayo.

11. *A la sombra de los enamorados*. Isidoro describe el lugar
de encuentro de los enamorados del pueblo, un árbol a la
orilla de un arroyo, habla de los «usos amorosos» de la zona
y cuenta algunas historias de primeros amores y relaciones
sexuales, entre ellas la suya propia con una chica llamada
Rosa Mari.

12. *El matacán del majuelo*. Historia de caza en la que
se cuenta la dificultad de todos los cazadores del pueblo
para cazar a un matacán, a quien finalmente da muerte el
Antonio.

13. *Un chusco para cada castellano*. El refrán que repite
el padre de Isidoro, «Castilla no da un chusco para cada
castellano», encabeza esta sección en la que se dan más datos
de la comarca donde se encuentra el pueblo y de su régimen
político-administrativo, con episodios que muestran la falta
de atención de las autoridades hacia la zona y lo cruel y arbitrario del clima, que dificulta las tareas agrícolas.

[15] Véase el libro de María Cátedra, *Un santo para una ciudad*. Barcelona, Ariel, 2001.

14. *Grajos y avutardas.* Isidoro cuenta el curioso caso de los juicios y ejecuciones de los grajos en un lugar de la zona, episodio que el pueblo, y el Isidoro, cree inventado por el que lo cuenta, el Olimpio, hasta que Isidoro lee en un libro del antropólogo y viajero Hyatt Verrill un caso semejante. Habla también de las avutardas, aves majestuosas y huidizas, y se narra un episodio de caza de avutardas.

15. *Las Piedras Negras.* Isidoro describe un paraje de piedras diferentes que contrasta con el resto del entorno. Narra un episodio con su tío Remigio, sacerdote, que le lleva a ese lugar para hablar de la vocación y termina contándole un episodio de caza de perdiz con otro vecino del pueblo, en el que el tío decidió su vocación religiosa.

16. *La Mesa de los Muertos.* Se trata de la historia de una meseta pequeña, así llamada por las creencias supersticiosas del pueblo, que la consideraba un lugar de mal agüero y de imposible explotación agrícola hasta que el tío Tadeo consigue una cosecha muy superior a las de los demás del pueblo.

17. *El regreso.* Después de cuarenta y ocho años, Isidoro regresa al pueblo. Le sorprende comprobar, al llegar a Madrid, que las comunicaciones han mejorado algo, que el autobús llega hasta un lugar más cercano al pueblo y que el camino ha sido asfaltado. Pero reconoce todos los hitos geográficos de los que nos había hablado a lo largo del libro, vuelve a encontrarse con el Aniano, como el día que se fue, comprueba que el camino es la única mejora de la infraestructura y nos cuenta cómo se alegra al ver a sus hermanas en la casa.

En «Análisis de la temática y los personajes de *Viejas historias de Castilla la Vieja*»[16] Jorge Urdiales ofrece un útil censo de los personajes y de las secciones —capítulos— en los que intervienen o aparecen, que reproduzco aquí con alguna modificación.

Además de Isidoro, el narrador —«autor» para Urdiales—, los personajes son[17]:

Aniano, el Cosario (1, 2).

Antonio, cazador (3, 9, 11, 12).

Don Armando, librepensador y alcalde accidental del pueblo (16).

El profesor Bedate. Uno de sus profesores (16).

D. Benjamín, el rico del pueblo (3, 4, 8, 12).

La tía Bibiana, vecina del pueblo, dueña de una nogala (3).

Señora Blandina, dueña de una bodega (14).

El tío Bolívar, tenía una cabra tuerta (13).

Los chicos del pueblo (4).

Domiciano, vecino tuerto (13).

El Elicio, vecino del pueblo (1, 3).

Emiliano, invitado al banquete de la avutarda (14).

La Señora Esperanza. Mujer del Tadeo (16).

Felisín, hijo de Domiciano (13).

Gasparín, pasó una semana en el calabozo del cuartel (16).

Los Hermanos Hernando, tres: Hernando Hernando, el mayor, cantinero del pueblo (5, 14); Norberto Hernando, el más pequeño, labrador (5, 12).

---

[16] Urdiales 2007.

[17] He ordenado alfabéticamente la lista de Urdiales.

Isidoro, Padre (2, 7, 13).

D. Justo del Espíritu Santo, cura del lugar (3, 4, 5, 6, 7, 9, 14, 16).

Don Lino, médico de Pozal de la Culebra (3).

La Macaria, asistida por el médico de un calambre (3, 16).

Madre de Isidoro. (2, 7).

La Marcelina Yáñez, tía materna del autor (3, 7, 9, 10, 11).

Dª María Garrido, abulense que dona para el culto de la Sisinia (9).

Las Mellizas. Sus hermanas; nos dice solamente el nombre de una, la Clara (1, 7).

El Olimpio, vecino del pueblo (3, 14, 16).

El Patrocinio, guarda de campo en el pueblo (15).

El Ponciano, vecino del pueblo, cazador y pescador (3, 6, 9, 12).

El tío Remigio, cura, tío carnal del autor y compañero de Seminario de D. Justo del Espíritu Santo (4, 15).

La Rosa Mari, aspirante a novia del autor (11).

El tío Saturio, dueño del majuelo del matacán (12).

El Silos, pastor, rudo y primitivo (5).

La Sisinia. Joven asesinada y «mártir» (6, 9).

El tío Tadeo, agricultor (2, 16).

El Topo, profesor de aritmética y geometría (1, 16).

Valentín, vecino y secretario del pueblo (7, 14).

La tía Zenona, vecina dueña de un palomar usado como referencia en varios capítulos, participa en el desarrollo de la leyenda de Sisinia (1, 2, 9, 17).

Recordemos que *Viejas historias* pertenece a la segunda etapa de nuestro autor, centrada en *Las ratas*, cuando, tras abandonar la dirección del periódico, Delibes descarga en su literatura de ficción las críticas que la censura le impide realizar a través de la prensa. El propósito de denuncia de una realidad injusta no pasó inadvertido en el momento de la publicación del libro y algunas reseñas acusaron a Delibes de haber querido resucitar el tópico de la «España negra»[18]. Para estos críticos, el texto distorsiona la realidad castellana, centrándose en sus aspectos más negativos. Delibes responde a estos críticos en un artículo de 1964[19], apuntando que

---

[18] *La España negra* es originalmente el título de una obra del pintor español Darío de Regoyos (1857-1913) y el poeta belga Émile Verhaeren (1855-1916), aparecida en español en 1898, en varias entregas semanales, en la revista barcelonesa *Luz*. Participa de la visión de la nueva generación de jóvenes intelectuales y artistas que engrosarían las filas del 98, el modernismo catalán, el novecentismo y movimientos posteriores y que critican el retraso, el inmovilismo y el provincianismo de la vida española. Los textos de Regoyos se ocupaban de la región norte de España. En 1920, el pintor José Gutiérrez Solana publica un libro de igual título, *La España negra,* en el que, con una visión crítica semejante a la de Regoyos, retrata otras zonas, atendiendo a Castilla de manera especial. El término pasó a designar una visión de España centrada en los aspectos menos atractivos de la realidad nacional: la pobreza, el subdesarrollo, la violencia rural, la supersticiosa religiosidad, el inmovilismo, lo grotesco. Opuesto a cierta visión turística en boga en el extranjero a principios del siglo xx —la «España cañí de misterios, toreros y bailaoras flamencas—, el repertorio de «España negra» carece, por otro lado, de los brillos mitificadores, literarios o irónicos que, tratando de esa misma realidad, incorporaron algunos de los miembros de la llamada «Generación del 98» como Miguel de Unamuno (1864-1936), Valle-Inclán (1866-1936), Pío Baroja (1872-1956), Azorín (1874-1967) o Antonio Machado (1875-1939).

[19] «Castilla negra y Castilla blanca». Recogido en *Vivir al día.* Barcelona: Destino, 1966, pp. 177-180.

desconocen la realidad retratada en el libro, que Castilla es, en esos años, efectivamente una región sumida en la miseria y que «la tesis del libro es precisamente esa: que nada fundamental ha cambiado en la desolada Castilla durante el último siglo» (1964: 176). Tras resumir el estado de ruina y abandono de unos pueblos que van quedando desiertos por la emigración de los jóvenes hacia las grandes ciudades, Delibes declara que renuncia a ocultar esa realidad o a crear una visión falseada, una «Castilla blanca» alternativa e inexistente: «si las cosas son así, ¿por qué voy a disimularlas? ¿Por qué mi amigo Masats ha de buscar para fotografiarlo lo que espontáneamente no se ofrece a sus ojos? ¿Por qué crear una leyenda blanca? […] Porque conozco y amo Castilla no puedo permitirme licencias en su interpretación» (179).

Nuestro autor confirma, entonces, que si bien *Viejas historias* se gestó inspirado en la obra gráfica de Jaime Pla, es un libro inequívocamente de denuncia social. Recordemos que esta corriente literaria tendía a presentar personajes colectivos de los sectores más desfavorecidos de la sociedad, a describirlos en sus faenas laborales y a prestar atención al habla auténtica de esos personajes. Tiene esta literatura, pues, un carácter documental y una intención de denuncia de situaciones injustas. Aunque no agotan sus posibles valores para una lectura literaria, todas estas características convienen a nuestro texto. Pese a ello, *Viejas historias* se comprende mejor si repasamos brevemente las adscripciones genéricas que ha recibido por parte de la crítica, ya que, si bien no definen acertadamente el conjunto de la obra, sí aciertan a iluminar algunos aspectos parciales de la misma.

Uno de los jóvenes periodistas a los que Delibes ayuda
desde su puesto de director de *El Norte de Castilla*, Francisco Umbral, que llegará a ser uno de los prosistas más
importantes del siglo XX español, observa en nuestro texto
características que podríamos considerar «umbralianas», es
decir, subraya aquellos aspectos que más concuerdan con
su propia personalidad literaria. Umbral alude al texto de
distintas maneras —«libro de fotografías», «poemático»,
«plural», «libro sin género», «narración sobriamente lírica»,
«novela, por llamarla así»—, e incluso define a cada sección como «poema en prosa». Insiste Umbral en que *Viejas
historias* no tiene ningún compromiso ni intencionalidad
más allá de la literaria. Y es una literatura en libertad, sin
reglas ideológicas ni formales. Umbral siente un confesado
desdén por la novela de trama y secuencia narrativa evidentes; prefiere la novela lírica o, mejor, el libro sin género, la
mezcla de prosa, poesía, autobiografía y ensayo, y traslada
a su admirado texto de Delibes las cualidades que admira y
practica en su propia literatura.

Por otra parte, la descripción de *Viejas historias* como
perteneciente al repertorio de «España negra» no es sólo una
cuestión temática; debemos verla también como adscripción
a una tradición de géneros híbridos, de imagen y palabra,
realizados en colaboración entre artistas gráficos y escritores
y, en muchas ocasiones, por extranjeros o turistas. Delibes
marca sus distancias con el repertorio de «España negra»
no sólo cuando insiste en que la realidad castellana no está
distorsionada en su texto, sino también al establecer sus
credenciales como autor que conoce de primera mano esa

realidad. No es un forastero que visita lugares ajenos y anota sus impresiones —como Verhaeren y Regoyos, o incluso Pla y Masats— sino un natural de la región. La decisión de presentar una narración en primera persona, a través del personaje de Isidoro, tampoco debe ser ajena a esa intención de «autoridad» autorial de Delibes frente a las acusaciones de literatura fotográfica o de viaje.

La gestación híbrida de imagen y palabra de este libro subraya, por otro lado, su valor como texto literario, capaz de funcionar como acompañante textual de las dos obras gráficas de Pla y Masats y capaz, asimismo, de haber sobrevivido como obra exenta en ediciones posteriores —como la nuestra— donde falta el material gráfico. Narrativamente, el que Delibes escribiera a partir, aunque no exclusivamente, de una serie de estampas gráficas quizás explique la presencia en el texto de numerosos referentes deícticos, topónimos y nombres de personajes. Varios críticos han llamado la atención sobre los peculiares ritmos narrativos presentes en la obra de Delibes. En ocasiones a través de paralelismos, repeticiones y acompasamiento de términos cultos y coloquiales, de la habilidad para trasladar la música de los personajes en su circunstancia, la «cadencia» de la que habla Andrés Trapiello en su comentario a *La hoja roja* (2003). Jiménez Lozano alude, por su parte, al efecto de las disonancias o cambios de ritmo, lo que él llama «quiebros»:

> limpio lenguaje en el cual hace el escritor de vez en cuando una especie de *quiebros*, y … pone, en medio de su tranquilidad narrativa y descriptiva […] una palabra, un sentir que […]

podríamos llamar *culturalistas*, y es entonces cuando brotan, de ordinario, la ironía, el *retintín*, y la melancolía o el sarcasmo delibianos, lo que también podríamos denominar como *la cuchillada delibiana* (2003: 169-170).

En *Viejas historias*, las repeticiones afectan al conjunto del texto, con la despedida y el saludo a las hermanas a la partida y al regreso de Isidoro y las conversaciones con el Aniano que abren y cierran el texto. Esta estructura circular establece una conexión narrativa, una sintaxis que encadena y corrige la estructura de estampas o escenas discretas y separadas. Los ecos y referencias explícitas que Isidoro establece con personajes, escenas o momentos previos de su narración también contribuyen a dar unidad a las distintas escenas. La «cadencia» descrita por Trapiello —la plasmación textual del habla oral y el ritmo de la lengua de los personajes— difunde asimismo una atmósfera de cohesión estilística. Además de refranes, modismos, léxico rural y cinegético, el universo creado mediante nuestro texto se ampara también en los topónimos, la mayoría inventados por Delibes pero de gran propiedad lingüística y geográfica para la realidad de esa zona. El topónimo es la creación verbal más íntimamente conectada con lo espacial y despide por ello unas connotaciones simultáneas de autoridad originaria y de conexión sentimental con las palabras del espacio que autores tan dispares como Unamuno o Proust han sabido plasmar en su literatura[20]. Hablando de

---

[20] Desde *En torno al casticismo* hasta el famoso poema de toponimia hispánica. En Proust, recordemos su sección «Nombres de tierras: el

nombres, el atisbo de palíndromo del título (*Viejas historias de Castilla la Vieja*[21]) expresa el carácter secular de los problemas de Castilla (viejas cuestiones) pero es también un aviso de la ligerísima estilización que Delibes aplica a la realidad y a los espacios, a sus palabras y expresiones más establecidas.

La *deixis* espacial es importante ya que conecta, finalmente, el plano diegético —la narración de eventos— con el plano figurativo del texto. Isidoro reflexiona sobre el paisaje del pueblo y su entorno, insistiendo en sus características casi desérticas: grandes llanuras, escasa vegetación, cielos altos. En ese vacío espacial, Isidoro va colocando determinados

---

nombre» del primer volumen de *En busca del tiempo perdido*.

[21] La denominación Castilla la Vieja —frente a Castilla la Nueva— tiene su origen en las descripciones geográficas del siglo XVI que combinaban reinos aún legítimos o ya extinguidos, condados y demarcaciones percibidas como separadas por los autores basándose en distintos criterios. En este caso, la zona central de la Península se reunía bajo el apelativo de Castilla, originalmente un condado del reino de León durante la reconquista, que pasaría a designar uno de los reinos cristianos de más impulso. Los adjetivos «Vieja» y «Nueva» se refieren al momento en que esos territorios centrales son conquistados por los cristianos a los distintos reinos musulmanes. En el momento de publicación de *Viejas historias* —1964— existían en la división administrativa oficial de España esas dos regiones de Castilla la Vieja y Castilla la Nueva, correspondientes a las actuales Comunidades Autónomas de Castilla y León —que incluye hoy lo que era Castilla la Vieja menos la provincia de Santander, pero con la adición de las provincias pertenecientes a lo que era la región de «León», León, Salamanca y Zamora— y Castilla la Mancha —que incluye lo que era Castilla, pero sin Madrid—. Como hemos visto, Masats señala que la zona descrita en el texto es la Tierra de Campos.

hitos físicos e históricos que adquieren, gracias a las narraciones conectadas con los mismos, un carácter simbólico. Sin el propósito alegórico y catequizador de don Justo del Espíritu Santo al hablar de la tumba de la Sisinia o de las murallas de Ávila, pero con una mecánica semejante, Isidoro va cartografiando con referencias y con significados el territorio de su infancia. Cuestas, caminos, casas, colinas, árboles, postes, arroyos, se mencionan y se repiten desde distintas perspectivas para ir marcando de manera reconocible el espacio geográfico. Se trata de una orientación que va ubicando y poblando ese aparente espacio en blanco inicial, espacio físico pero también espacio mental y sentimental de Isidoro. Y es que, junto al propósito de denuncia del texto, la peripecia de Isidoro es al mismo tiempo una historia de formación, de cambio de perspectiva; una historia de final feliz, en la que el protagonista aprende a apreciar y a contar su tierra, con un amor intenso que, sin embargo, no le impide ver sus numerosos defectos y carencias. Para Isidoro, de niño, no había posibilidad de orientación y, cuando el tendido eléctrico podría convertirse en una línea de referencia durante el día y, durante la noche, en un foco para iluminar lo que no se ve, él y sus amigos intentan destruir los postes de la luz:

> Cuando yo era chaval, el páramo no tenía principio ni fin, ni había hitos en él, ni jalones de referencia. Era una cosa tan ardua y abierta que sólo de mirarle se fatigaban los ojos. Luego, cuando trajeron la luz de Navalejos, se alzaron en él los postes como gigantes escuálidos y, en invierno, los chicos,

si no teníamos mejor cosa que hacer, subíamos a romper las
jarrillas con los tiragomas (95).

La salida del pueblo y la llegada a América permite a Isidoro contemplar las cosas de su pueblo con perspectiva y
comprobar que, allá en Panamá, las menciones a esas cosas
no producen las burlas despectivas que causaban en el colegio
entre profesores y compañeros. Esta conocida ley de la experiencia humana la expresa Isidoro explícitamente en la sección
«Las piedras negras» de la manera siguiente: «vista en la distancia —que es como hay que mirar las cosas de mi pueblo»
(139). La perspectiva de la separación geográfica y temporal,
le permite comprender el valor de su tierra y también la carga
que supone el proceder de allí, esa sensación confusa que se
le anuncia el día de su partida, cuando tras afirmar que en
el pueblo a nada se le da demasiada importancia, intuye sin
embargo que de las raíces no se escapa tan fácilmente:

> Algo me pesaba dentro y dejé de hablar. [...] no dije nada
> porque algo me pesaba dentro y ya empezaba a comprender
> que ser de pueblo en Castilla era una cosa importante. Y así
> que llegamos al atajo de la Viuda, me volví y vi el llano y el
> camino polvoriento zigzagueando por él (88).

Con su regreso, Isidoro completa el trazado de líneas y
orientaciones —allá, aquí, derecha, izquierda, más abajo,
junto, más allá— por un territorio geográfico pero su narración ha ido trazando también las líneas de su persona, su
retrato físico y su historia, ese mapa que es el rostro de quien

ha vivido, y en el que se ven los espacios recorridos y los días transcurridos. Isidoro tiene, efectivamente, el pueblo en la cara; *Viejas historias de Castilla la Vieja* es la cartografía de un lugar y de un hombre, de un espacio y un personaje. Aunque no tengamos aquí el desarrollo de personajes como el Senderines de «La mortaja» o de otras creaciones de Delibes, sí hay la consolidación en un personaje de una manera de narrar y de una manera de mirar a Castilla: con afecto y con objetividad. Se trata, así, de la historia de un hombre que aprende a narrar Castilla, un hombre que explica, con historias, los problemas de su tierra. Ese personaje del Isidoro encarna literariamente la voz del escritor Miguel Delibes en ese momento de su trayectoria narrativa.

Viejas historias tiene efectivamente algo de todos los géneros y subgéneros que sus admiradores y detractores han visto, pero tras un análisis de sus elementos narrativos y figurativos hay que concluir que la calificación genérica que más le conviene es la de novela corta, precisamente la apuntada por Delibes en las *Obras completas*. Además de cuestiones de extensión, y aunque se trata, como hemos visto, de una colección de textos conectados por la voz de su narrador, sí hay una línea narrativa de periplo de formación que va componiendo la figura de un personaje protagonista, sin olvidarnos de los numerosos elementos de cohesión narrativa y figurativa a los que hemos aludido.

2.2. *«La mortaja»*

Pese a ser un relato breve, «La mortaja» es uno de los textos de Delibes más y mejor estudiados, y cuenta con valiosas ediciones críticas[22]. Recordemos su historia editorial. El cuento aparece por primera vez como parte del volumen *Siestas con viento sur,* segundo libro de relatos de Delibes publicado en 1957 y compuesto por «La mortaja», «El loco», «Los raíles» y «Los nogales». El libro tuvo entonces una recepción muy favorable y consiguió el premio Fastenrath de la Real Academia Española. En 1970, «La mortaja» se separa de los relatos con los que apareció en 1957 y pasa a formar parte de un volumen titulado precisamente *La mortaja,* junto con «El amor propio de Juanito Osuna», «El patio de vecindad», «El sol», «La fe», «El conejo», «La perra», «Navidad sin ambiente» y «Las visiones». Posteriormente, se incluirá también en el volumen de «Mis libros preferidos» titulado *Los estragos del tiempo,* junto con las novelas *El camino* y *La hoja roja.*

Esta historia editorial es indicativa de la calidad y de la importancia concedida por Delibes a un texto que, trece años después de aparecer como parte de un volumen colectivo, pasa a ocupar la cabecera del título de otro libro de relatos y, posteriormente, a compartir un volumen con dos de las novelas más difundidas de su autor.

En su introducción (1987) Sobejano describe el carácter moderno de los cuentos de Delibes, más próximos a los objetivos de la novela —«describir cómo la consciencia experimenta el mundo y se experimenta a sí misma»

---

[22] *La mortaja.* Edición de Gonzalo Sobejano. Madrid: Cátedra, 1987. *Siestas con viento sur.* Edición de Amparo Medina-Bocos. Barcelona: Destino, 1998.

(53)— que a los del cuento tradicional de presentar una realidad mitificada, fabulosa o ejemplarizante, con mayor desarrollo argumental. El cuento representa, por su extensión, una parcela de la novelística, por lo que «es la sinécdoque de la novela: la parte por el todo. Escoge una parte, un aspecto, un punto, a través del cual remite a la totalidad» (54). Sobejano añade su taxonomía de los relatos modernos, que entrarían en dos categorías básicas: los situacionales, de orientación existencial, y los testimoniales, de mayor atención a la circunstancia social concreta del momento. Sin negarle su carácter testimonial de una situación rural de abandono y pobreza, «La mortaja» pertenece, según Sobejano, a un linaje de cuentos más centrados en la fábula, pues en él se dan elementos de raíz tradicional (papel mágico de algunos elementos, estructuración en torno al número 3, el motivo de la prueba). Para tener una idea más cabal de los contextos en los que ha aparecido «La mortaja», repasemos brevemente los relatos que lo acompañaban en *Siestas con viento sur* y en *La mortaja*.

Siestas con viento sur incluye dos relatos de ambiente rural —«La mortaja» y «Los nogales»— y dos novelas cortas que tienen lugar en escenarios urbanos —«El loco» y «Los raíles»—. En todas estas historias aparecen relaciones conflictivas, extraordinarias o de difícil resolución entre padres e hijos, con la muerte del padre como núcleo de las mismas. «Los nogales» es, junto con «La mortaja» uno de los relatos de Delibes más apreciados por la crítica y narra el final de un hombre, obligado por las malas cosechas a vender sus tierras y casa y dedicarse a varear nogales. Su esposa falleció al dar a luz al hijo retrasado que le acompaña en sus labores y a quien el padre no logra interesar en su trabajo. El Nilo viejo y el Nilo joven, unidos por el dolor físico que aqueja a ambos en las piernas, componen una de esas parejas inolvidables de personajes de Delibes, hombres y niños enfrentados a una naturaleza y una suerte hostil y ante los que sólo la compasión de narrador y lector proporciona algún abrigo. «El loco» es una obra de contenido y ambiente bastante alejados del mundo de Delibes hasta este momento. Contada en primera persona, y con tonos de narración fantástica o de misterio en algunos momentos, «El loco» es la historia de la obsesión del protagonista, Lenoir, por un hombre a quien persigue en busca de un secreto que intuye y les une. Lenoir descuida obligaciones laborales y familiares y viaja a Francia —donde había crecido— detrás del hombre misterioso, Robinet, quien finalmente revela que la muerte del padre de Lenoir no fue un suicidio —como siempre se había creído— sino un asesinato, crimen perfecto, cometido por Robinet. Lenoir cuenta su historia a su hermano, Davicito, en un monólogo que es en realidad una larga epístola. Medina-Bocos (1998: LXXII-LXIX) apunta una serie de conexiones muy interesantes entre aspectos de la historia y la biografía de Delibes. Desde esta perspectiva, «El loco» puede analizarse como uno de los primeros pasos en la incorporación de elementos de índole personal del autor a su obra de ficción, un trasvase que Delibes ha realizado de forma titubeante, intermitente y discreta —aquí mediante las distorsiones del género de misterio o fantástico— y que no parece resolverse satisfactoriamente hasta algunas obras de su última etapa como

377A, madera de héroe o *Señora de rojo sobre fondo gris*. «Los raíles» también incorpora aspectos de la biografía de Delibes, pero, como sucede en la mayor parte de su obra, de manera circunstancial o ambiental —aquí, su experiencia como opositor—. Es un relato de paralelismos entre la vida de un abuelo y su nieto, cuyo padre, un tanto obsesionado por que el hijo mantenga la dirección social ascendente que la historia familiar ha iniciado con él, muere antes de presenciar cómo su hijo va consagrando inútilmente horas y años a la preparación de unas oposiciones que nunca llega a superar. El padre ausente es la brecha que separa las historias paralelas de abuelo y nieto, y la perspectiva equivocada de ese padre sobre la dirección y la calidad de la vida de su progenitor y su descendiente recorre todo este relato de estructura rígida. En «El loco» y, en menor medida, en «Los raíles» la relación del autor con sus personajes resulta poco delibiana, por cuanto hay cierta urgencia narrativa, frialdad y distanciamiento afectivo entre ambas partes. Es una arritmia narrativa que produce desacuerdo emotivo, a diferencia de lo que sucede en buena parte de las mejores obras de nuestro autor, como veremos más adelante en «La mortaja».

De los relatos incluidos en el volumen titulado *La mortaja* de 1970 ya nos hemos referido a «El amor propio de Juanito Osuna» al comentar *La caza de la perdiz roja* como personaje representativo del cazador fanfarrón y dominguero. En «El patio de vecindad» Don Hernando, un catedrático de instituto jubilado y radioaficionado se enfrenta en Valladolid a la muerte de una de sus corresponsales más queridas, una viuda leonesa emigrada a Cuba, con la que mantenía una relación especialmente próxima en ese ámbito tan íntimo, ese patio de vecindad que es el mundo gracias a la radio. «El sol» presenta una situación poco novedosa, la separación económica, social y de sensibilidad de quienes sufren trabajando bajo el sol al borde de la carretera y los veraneantes que pasan por ella camino del sol de las playas. El relato salta de unos a otros y retrata esa sociedad española «deficientemente estructurada» entre los que tienen mucho y los que no tienen nada que Delibes había descrito en su prólogo a las *Obras completas*. En el relato titulado «La fe» se narran también dos situaciones simultáneas: el paso por las calles de Valladolid de la procesión de Semana Santa, en la que se reviven los distintos momentos de la pasión de Cristo, y la visita al hospital de Pepe para estar con Áurea, su mujer, internada por problemas de salud. El milagro del cese de los dolores de la mujer, atribuido por ésta a la «Virgen de los Cuchillos», puede también adjudicársele a la amorosa y resignada relación de los esposos, de escasos recursos económicos pero unidos por su deseo de descendencia y su amor sencillo. Dos de los cuentos tienen títulos de animales y en ellos se utiliza la muerte de los mismos para acercarse a las actitudes de los seres humanos hacia los animales y hacia la muerte. En «El conejo» los dos niños que reciben como regalo al conejo sólo se consolarán de la muerte del animal imaginándose el elaborado entierro que van a dedicarle, en imitación de un entierro que han observado en el pueblo. En «La perra» un trío de seres desahuciados por la sociedad, dos hombres y una perra vieja, salen de caza. La jornada acaba con la muerte accidental

de la perra por un disparo por uno de los hombres, que la
había tachado de inútil durante todo el relato. La historia
falsa que le cuenta al otro hombre, el amo de la perra, es
un relato que permite el consuelo y la elegía ante la muerte,
efectos próximos a los relatos, fantasías y embellecimientos
característicos de nuestras maneras de enfrentarnos a la desaparición de los seres queridos. En «Navidad sin ambiente»
se intenta, a través de las conversaciones de los miembros
de una familia mientras comen el pavo en Nochebuena,
dar infructuosamente con la clave de la falta de «ambiente
navideño»: la ubicación del Niño, la bendición de la mesa, la
falta de lumbre. La falta de comunicación auténtica de una
familia bien servida y sin necesidades contrasta con la cálida
Nochebuena de los desvalidos personajes de «En una noche
así», uno de los relatos de *La partida* que comentaremos más
adelante. Los retazos del pequeño y sufrido mundo de un
matrimonio y su hija aparecen con destellos fulminantes
en el parlamento de la madre de «Las visiones», el último
relato del libro. Mientras esperan con unos cazadores a
que llegue su esposo, el cosario, la mujer insta repetidas
veces a su hija a que les entretenga contando historias, a las
que llaman «visiones», en las que al parecer la niña es una
experta. La niña se resiste por timidez y la mujer se enfada
con ella, mientras prosigue su parlamento sobre el pueblo,
sus vecinos y su esposo.

«La mortaja» se abre con una descripción bastante detallada del entorno físico donde se desarrollará el relato, enu-
merándose los distintos elementos clave que irán apareciendo
a lo largo de la historia: la cuenca polvorienta donde viven

el niño Senderines y su padre, el río que casi desaparece en
verano por la falta de agua, los cultivos de trigo y melones
y la dureza de las dos únicas estaciones, invierno y verano.
Una fábrica de madera río arriba y la central eléctrica donde
trabaja el padre de Senderines completan el entorno. El
día en el que se desarrolla el relato el padre vuelve a la
casa mientras el niño juega afuera y se acuesta, según su
costumbre, abotargado por la bebida y la comida. Ese día,
sin embargo, el padre no despierta, y el niño se enfrenta
a la realidad de la muerte. Empeñado en amortajar a su
progenitor acude a varios adultos para que le ayuden. Los
dos primeros se niegan, uno porque ha discutido con el
padre esa misma tarde y jurado no volver a relacionarse con
él, y el segundo porque no quiere velar a un muerto; éste
último le promete a Senderines que lo ayudará a la mañana
siguiente. Senderines termina pidiendo ayuda al itinerante
el Pernales, que acompaña al Senderines a su casa a cambio
de que el niño le entregue cada vez más pertenencias del
difunto. El relato contiene numerosas analepsis o *flash-backs*
que muestran la muerte de la madre, el desdén del padre
por la escasa fuerza física de su hijo y lo asustadizo de su
carácter, y el refugio de éste en sus juegos imaginativos con
los animales y el paisaje.

Los relatos que acompañan a «La mortaja» en los dos
momentos de su aparición, el contexto narrativo en el que
se ubica, complementan e influyen en los significados y la
categorización del cuento, y llevan a Sobejano a matizar su
adscripción de «La mortaja» a los dos grupos de la taxonomía
mencionada. Si en la primera colección era un relato más

bien de situación existencial, en la segunda está más cerca de los cuentos testimoniales en los que se denuncian situaciones de injusticia. Como señala Medina-Bocos (1998: L), aun cuando se presenta en el relato una situación de subdesarrollo y desamparo, su centro es el enfrentamiento del Senderines con la muerte y el mundo adulto. Recordemos también la acertada identificación, por parte de Sobejano, de varios elementos del relato fabulístico de corte tradicional. Hay que decir que todo ello está presente en «La mortaja», y de ahí probablemente su complejidad y su riqueza como texto literario, reacio a ser encasillado fácilmente en cuadrículas críticas o tradiciones específicas.

«La mortaja» resulta ejemplar, también, como relato de Miguel Delibes, ya que en él se dan cita los temas clave de su narrativa y sus técnicas más características. La crítica ha comentado acertadamente que los cuatro temas enunciados por el autor como dominantes en su literatura —naturaleza, muerte, infancia y prójimo— son aquí los fundamentales. Lo son también los distintos ritmos estilísticos —sintácticos, deícticos, anafóricos, semánticos, de puntuación— que infunden un sello personal a los textos de Delibes. A ellos añade Sobejano el ritmo afectivo, mediante el que se busca la aproximación al prójimo y el acuerdo con los otros. Y ello, en primer lugar, entre narrador y personaje, en una caracterización denominada de «narrador acorde» (1987: 48) con sus personajes.

Como hemos señalado, este relato ha recibido abundante atención crítica, analizada y comentada de manera muy lúcida en las ediciones de Medina-Bocos y Sobejano, a las que remito. Quisiera terminar esta presentación con una breve reflexión sobre esa locución, «en rigor», que inicia el ritmo de aposiciones en la descripción inicial del relato. El «en rigor» —como el «en puridad» también empleado por Delibes con cierta frecuencia— es inequívocamente un término sacado de esos libros de leyes en los que nuestro autor dice haber aprendido a escribir y cuya precisión admiraba. En efecto, la descripción que abre nuestro relato es una corrección, una precisión sobre lo que se consideraría un valle «normal». Ese significado de precisión, de ajuste, de corrección, de cumplir leyes o normas, o promesas, o acuerdos, está detrás de gran parte de los episodios relatados y contrasta con el apodo de nuestro protagonista, el Senderines, diminutivo de sendero. El niño recibe ese nombre por su tendencia a «buscar las veredas como los conejos». Enfrentado a la muerte de su padre, el niño se desvía de lo esperado y busca todas las vías alternativas posibles, aunque, en rigor, no pasaría nada si se atuviese a su condición de niño —y de niño desdeñado por su padre— y dejara el asunto en manos de otras personas o de la autoridad. Ese mundo adulto, en cambio, se aferra al rigor de promesas, costumbres o transacciones comerciales para desentenderse o posponer enfrentarse a la ley del prójimo.

2.3. «*La partida*»

La primera colección de relatos de Delibes, *La partida*, incluye el que da título al libro, que presentamos aquí, y otros nueve cuentos: «El refugio», «Una peseta para el tranvía», «El manguero», «El campeonato», «El traslado», «El primer pitillo», «La contradicción», «En una noche así» y «La conferencia». Publicada en 1954, aparece tras la consolidación de la narrativa de Delibes, fraguada en *El camino* (1950), y precede a la sólida novela *Diario de un cazador* (1955), de la que hemos apuntado que constituye la primera obra de Delibes plenamente conseguida con narrador en primera persona. De los diez relatos, ocho están narrados en tercera persona. Varios de ellos presentan la narración focalizada en el personaje principal, mientras que en el titulado «La conferencia» la focalización se reparte entre dos de los personajes —el hombre refugiado del frío en la conferencia y la joven admiradora del conferenciante—. Los dos relatos en primera persona cuentan con un narrador infantil uno —un niño de trece años «El refugio» — y un narrador maduro el otro —«En una noche así» —. Sin afirmar que se deba exclusivamente a esa decisión narrativa, son precisamente estos dos relatos, junto con el que da título al libro, los más interesantes del conjunto.

Sobejano (1987) divide los cuentos de esta colección en dos grupos: los cuentos situacionales —«La partida», «Una peseta para el tranvía», «El traslado», «El primer pitillo» y «En una noche así»— y los testimoniales —«El refugio», «El manguero», «El campeonato», «La contradicción» y «La conferencia»—.

No hay ningún tema común en este grupo de narraciones, por lo que su inclusión en un mismo volumen debemos verla probablemente como el resultado de la mera proximidad entre las fechas de composición. Pese a ello, si hubiera que encontrar algún motivo recurrente en la colección quizás

pueda señalarse la falta de acuerdo entre los personajes y
su entorno, bien porque se encuentran en un espacio hostil
o diferente al que están acostumbrados, bien porque coin-
ciden con otros personajes de condición distinta a la suya.
En «El refugio» los distintos personajes refugiados en los
sótanos de una funeraria durante el bombardeo a una ciudad discuten, rodeados de ataúdes, y revelan sus cualidades
menos honorables en esa situación de roce con la muerte.
El desolador final del relato, en el que el niño pregunta al
dueño de la funeraria por «la cajita» que le había prometido
a su hermana, ahora muerta, hace entrar súbitamente en el
relato, como una bomba que explota, a la muerte de la que
tanto se había hablado durante el mismo.

En «Una peseta para un tranvía» la visita guiada a un
periódico se produce en contraste con la apurada situación
del protagonista, que ha ido a pedir dinero a un amigo
con prisas y observa cómo su asunto se desvía y se detiene
entre la supuesta rapidez de las noticias que van del teletipo
a las linotipias y a la rotativa. «El manguero» supondría
una variación al tema común que hemos enunciado por
cuanto Tomás, el jardinero municipal que riega un parque,
se encuentra inmerso en un trabajo que aborrece, produciéndose la situación de alguien que no encaja en su función,
un jardinero que intenta destruir las plantas, espantar a
los animales y hacer que no vaya gente al parque. En «El
campeonato» la retransmisión de un partido entre España
y Uruguay es el fondo sobre el que escuchamos los comentarios desviados del partido de una muchacha sobre su gata
preñada, del dueño del bar que calcula los millones de horas

perdidas por el fútbol, e incluso los de Juan, el protagonista que durante el partido no deja de pensar en lo que el campeonato supone para el país donde tuvo su origen aquel deporte, Inglaterra. «El traslado» narra la comida de despedida de Blas, un trabajador que tras muchos años de residencia en Salamanca es trasladado a Santander. Es un desajuste en el futuro, anticipado por Blas, que es el único que no ve nada positivo en el traslado a la ciudad costera, a diferencia de su mujer y sus hijos. El malestar de Blas y el desastroso final de la comida homenaje subrayan la sensación de «fuera de lugar» del empleado. «El primer pitillo» parece precisamente lo contrario, la expectación y placer que el protagonista siente al encender un cigarro después de dos semanas sin fumar, y se trata aquí más bien de un progresivo reajuste a los hábitos y sensaciones conocidas.

«La contradicción» narra los últimos momentos de un niño limpiabotas, atropellado por un camión cuando intentaba visitar a su hermana, una prostituta que vivía en una casa de la Calle de La Pureza. El niño termina en un hospital, acompañado por Sor Matilde, la monja que no encuentra lógica, sólo contradicciones, en que alguien tan joven e inocente deba morir. La noche por antonomasia para reuniones familiares, Nochebuena, reúne en cambio a tres personajes de historias familiares y personales de pérdidas y desgracias. El narrador se junta a un hombre que toca el acordeón mientras comienza a nevar y las calles se van quedando vacías. Se meten en una taberna y pasan la noche con el tabernero, al compás de las canciones que cada uno pide para recordar sus desgraciados pasados. El último relato, «La conferencia» reúne en una sala de conferencias a José, un hombre que busca pasar unas horas en un lugar caliente en una de las noches más frías de la historia de la ciudad, ajeno por completo a la conferencia sobre economía que, sin embargo, entusiasma a una joven. A primera vista, parece que es José el que se encuentra fuera de lugar pero los comentarios del conferenciante y un profesor de la joven al final, centrados en su físico, indican también la falta de sintonía entre los pensamientos de la joven y la realidad de las estructuras sociales escenificadas en ese ámbito de la conferencia en la España de posguerra.

Nuestro relato, «La partida», sitúa también a un personaje en una situación extraña, aunque el propio protagonista sólo se irá dando cuenta de que está en un lugar que no le corresponde a medida que avanza la historia. Miguel Páez, joven de dieciocho años, acaba de terminar sus estudios de Náutica y se embarca en Santander, en su primera travesía, en el navío mercante *Cantabria*, rumbo a Plymouth. Hace pocos días que ha abandonado a su familia y a su novia en Valladolid, entre grandes y solemnes declaraciones sobre su vocación marinera y el mundo adulto que le espera en el mar. Las referencias a Valladolid subrayan lo limitado de la experiencia de Páez y lo humilde de sus orígenes. Una vez en el barco, la ingenuidad de Páez contrasta con lo limitado de las expectativas de los marineros veteranos, desde el Capitán al maquinista. Los tres personajes experimentados —el capitán, el maquinista y el contramaestre— se juntan con Miguel, al que llaman el *Valladolid*, para una partida de póker en la cabina del contramaestre. En la partida el joven irá perdiendo su dinero —que le había dado su padre pese a ser una familia humilde— y con él sus ilusiones sobre el barco, el mar y su propia persona. A lo largo de la partida se nos cuenta parte de la historia de los jugadores. Las fotografías de artistas de la época que cubren las maderas del camarote remiten a un mundo multicolor, exterior e ilusorio. Junto con las referencias marítimas, los nombres de actrices, películas y canciones contribuyen a la localización de la historia, en un momento en el que los colores de Hollywood y las melodías de moda ayudaban a aliviar las carencias de un país con una guerra civil en su pasado reciente, encerrado en sí mismo y de escasos recursos y limitados horizontes. La salida de Páez, el joven de tierra adentro, a los mares del mundo adulto acontece en un camarote —espacio interior— de reducidas dimensiones. Sólo un joven maquinista, originario de un pueblo de la provincia de Valladolid, parece mantener el equilibrio entre la realidad de sus orígenes y la de su situación presente, sin magnificar ni rebajar artificialmente ninguna de las dos. Tras escuchar una de las historias del pueblo de Luis, Miguel Páez lanza la pregunta que ha ido forjándose en su interior a lo largo de la tortuosa partida de cartas: «¿Tú puedes decirme, hijo, por qué un hombre a veces se siente empequeñecido?» (233).

El título de la historia tiene un doble significado: la partida de póker que ocupa el centro del relato y la partida del joven de Valladolid, que se embarca en Santander en un navío mercante para iniciar su vida adulta. Ese doble sentido conviene a muchas de las situaciones y al desarrollo del relato, de modo que el título funciona como una suerte de dilogía[23] o silepsis. La dilogía no opera necesariamente con significados opuestos, sino de campos semánticos diferentes o de planos figurativos distintos. La decisión de Páez de abandonar su ciudad y a su joven novia en la ciudad es una apuesta por un futuro de promesas atractivas, si bien poco definidas. Las sucesivas jugadas de póker suponen la partida, el alejamiento progresivo del joven de su ingenua destreza en el póker y en el juego de la vida. La paradójica constatación se inscribe al final del relato en la pregunta de Páez al repostero, que no puede ser mucho más joven que él pero al que el Valladolid trata de «hijo». En la partida de cartas Páez ha dejado de ser un joven con ilusiones y se ha convertido en un «hombre empequeñecido».

---

[23] «Uso de una palabra con dos significados distintos dentro del mismo enunciado» (*DRAE*).

VIEJAS HISTORIAS
DE CASTILLA LA VIEJA

I

EL PUEBLO EN LA CARA

Cuando yo salí del pueblo, hace la friolera de cuarenta y ocho años, me topé con el Aniano, el Cosario, bajo el chopo del Elicio, frente al palomar de la tía Zenona, ya en el camino de Pozal de la Culebra. Y el Aniano se vino a mí y me dijo: «¿Dónde va el Estudiante?». Y yo le dije: «¡Qué sé yo! Lejos». «¿Por tiempo?», dijo él. Y yo le dije: «Ni lo sé». Y él me dijo con su servicial docilidad: «Voy a la capital. ¿Te se[1] ofrece algo?». Y yo le dije: «Nada, gracias Aniano».

Ya en el año cinco, al marchar a la ciudad para lo del bachillerato, me avergonzaba ser de pueblo y que los profesores me preguntasen (sin indagar antes si yo era de pueblo o de ciudad): «Isidoro ¿de qué pueblo eres tú?». Y también me mortificaba que los externos se dieran de codo y cuchichearan entre sí: «¿Te has fijado qué cara de pueblo tiene el Isidoro?» o, simplemente, que prescindieran de mí cuando echaban a pies para disputar una partida de zancos o de pelota china y dijeran despectivamente: «Ése no; ése

---

[1] Inversión del orden correcto de los pronombres («se te»), indicativa de escasa instrucción.

es de pueblo». Y yo ponía buen cuidado por entonces en evitar decir: «Allá en mi pueblo…» o «El día que regrese a mi pueblo», pero a pesar de ello, el Topo, el profesor de Aritmética y Geometría, me dijo una tarde en que yo no acertaba a demostrar que los ángulos de un triángulo valieran dos rectos: «Siéntate, llevas el pueblo escrito en la cara». Y a partir de entonces, el hecho de ser de pueblo se me hacía una desgracia, y yo no podía explicar cómo se cazan gorriones con cepos o colorines con liga, ni que los espárragos, junto al arroyo, brotaran más recio echándoles porquería de caballo, porque mis compañeros me menospreciaban y se reían de mí. Y toda mi ilusión, por aquel tiempo, estribaba en confundirme con los muchachos de ciudad y carecer de un pueblo que parecía que le marcaba a uno, como a las reses, hasta la muerte. Y cada vez que en vacaciones visitaba el pueblo, me ilusionaba que mis viejos amigos, que seguían matando tordas con el tirachinas y cazando ranas en la charca con un alfiler y un trapo rojo, dijeran con desprecio: «Mira el Isi; va cogiendo andares de señoritingo». Así, en cuanto pude, me largué de allí, a Bilbao, donde decían que embarcaban mozos gratis para el Canal de Panamá y que luego le descontaban a uno el pasaje de la soldada. Pero aquello no me gustó, porque ya por entonces padecía yo del espinazo y me doblaba mal y se me antojaba que no estaba hecho para trabajos tan rudos y, así de que llegué, me puse primero de guardagujas y después de portero en la Escuela Normal y más tarde empecé a trabajar las radios Philips que dejaban una punta de pesos sin ensuciarse uno las manos. Pero lo curioso es que allá[2] no me mortificaba tener un pueblo y hasta deseaba que cualquiera me preguntase algo para decirle: «Allá, en mi pueblo, el cerdo lo matan así, o asao». O bien: «Allá en mi pueblo, los hombres visten traje de pana rayada y las mujeres sayas negras, largas hasta los pies». O bien: «Allá, en mi pueblo, la tierra y el agua son tan calcáreas que los pollos se asfixian dentro del huevo sin llegar a romper el cascarón». O bien: «Allá, en mi pueblo, si el enjambre se larga, basta arrimarle una escriña agujereada con una rama de carrasco para reintegrarle a la colmena». Y empecé a darme cuenta, entonces, de que ser de pueblo era un don de Dios y que ser de ciudad era un poco como ser inclusero y que los tesos y el nido de la cigüeña y los chopos y el riachuelo y el soto eran siempre los mismos, mientras las pilas de ladrillo y los bloques de cemento y las montañas de piedra de la ciudad cambiaban cada día y con los años no restaba allí un solo testigo del nacimiento de uno, porque mientras el pueblo permanecía, la ciudad se desintegraba por aquello del progreso y las perspectivas de futuro.

---

[2] No está demasiado claro el destino del narrador. Menciona Bilbao, pero el uso de algunos posibles americanismos como «una punta de pesos» y «plata» hace pensar que sí pudo haber llegado a Panamá. En cualquier caso, el deíctico «allá» connota lugar muy alejado; «se emplea a veces precediendo a nombres significativos de lugar para denotar lejanía» (*DRAE*).

2
ANIANO EL COSARIO

El día que me largué, las Mellizas dormían juntas en la vieja cama de hierro y, al besarlas en la frente, la Clara, que sólo dormía con un ojo y me miraba con el otro, azul, patéticamente inmóvil, rebulló y los muelles chirriaron, como si también quisieran despedirme. A Padre no le dije nada, ni hice por verle, porque me había advertido: «Si te marchas, hazte la idea de que no me has conocido». Y yo me hice la idea desde el principio y amén. Y después de toparme con el Aniano, bajo el chopo del Elicio, tomé el camino de Pozal de la Culebra, con el hato al hombro y charlando con el Cosario de cosas insustanciales, porque en mi pueblo no se da demasiada importancia a las cosas y si uno se va, ya volverá; y si uno enferma, ya sanará; y si no sana, que se muera y que le entierren. Después de todo, el pueblo permanece y algo queda de uno agarrado a los cuetos, los chopos y los rastrojos. En las ciudades se muere uno del todo; en los pueblos, no; y la carne y los huesos de uno se hacen tierra, y si los trigos y las cebadas, los cuervos y las urracas medran y se reproducen es porque uno les dio su sangre y su calor y nada más.

El Aniano y yo íbamos por el camino y yo le dije al Aniano: «¿Tienes buena hora?». Y él miró para el sol, entre cerrando los ojos, y me dijo: «Aún no dio la media». Yo me irrité un poco: «Para llegar al coche no te fíes del sol» dije. Y él me dijo: «Si es por eso no te preocupes. Orestes sabe que voy y el coche no arranca sin el Aniano». Algo me pesaba dentro y dejé de hablar. Las alondras apeonaban entre los montones de estiércol, en la tierra del tío Tadeo, buscando los terrones más gruesos para encaramarse a ellos, y en el recodo volaron muy juntas dos codornices. El Aniano dijo: «Si las agarra el Antonio»; mas el Antonio no podía agarrarlas sino con red, en primavera, porque por una codorniz no malgastaba un cartucho, pero no dije nada porque algo me pesaba dentro y ya empezaba a comprender que ser de pueblo en Castilla era una cosa importante. Y así que llegamos al atajo de la Viuda, me volví y vi el llano y el camino polvoriento zigzagueando por él y, a la izquierda, los tres almendros del Ponciano y, a la derecha, los tres almendros del Olimpio, y detrás de los rastrojos amarillos, el pueblo, con la chata torre de la iglesia en medio y las casitas de adobe, como polluelos, en derredor. Eran cuatro casas mal contadas pero era un pueblo, y a mano derecha, según se mira, aún divisaba el chopo del Elicio y el palomar de la tía Zenona y el bando de palomas, muy nutrido, sobrevolando la última curva del camino. Tras el pueblo se iniciaban los tesos como moles de ceniza, y al pie del Cerro Fortuna, como protegiéndole del matacabras, se alzaba el soto de los Encapuchados donde por San Vito[1], cuando era

---

[1] Festividad muy popular, celebrada a mediados de junio.

niño y Madre vivía, merendábamos los cangrejos que Padre
sacaba del arroyo y una tortilla de escabeche[2]. Recuerdo
que Padre en aquellas meriendas empinaba la bota más de
la cuenta y Madre decía: «Deja la bota, Isidoro; te puede
hacer mal». Y él se enfadaba. Padre siempre se enfadaba con
Madre, menos el día que murió y la vio tendida en el suelo
entre cuatro hachones. Aquel día se arrancó a llorar y decía:
«No hubo mujer más buena que ella». Luego se abrazó a las
Mellizas y las dijo: «Sólo pido al Señor que os parezcáis a la
difunta». Y las Mellizas, que eran muy niñas, se reían por
lo bajo como dos tontas y se decían: «Fíjate cuánta gente
viene hoy por casa».

Sobre la piedra caliza del recodo se balanceaba una picaza
y es lo último que vi del pueblo, porque Aniano, el Cosario,
me voceó desde lo alto del teso: «¿Vienes o no vienes? Orestes
aguarda, pero se cabrea si le retraso».

---

[2] De algún pescado, probablemente atún, en escabeche.

3

LAS NUECES, EL AUTILLO
Y EL ABEJARUCO

El tendido de luz desciende del páramo al llano y, antes de entrar en el pueblo, pasa por cima de la nogala[1] de la tía Bibiana. De chico, si los cables traían mucha carga, zumbaban como abejorros y, en estos casos, la tía Marcelina afirmaba que la descarga podía matar a un hombre y cuanto más a un mocoso como yo. Con la llegada de la electricidad, hubo en el pueblo sus más y sus menos[2] y a la Macaria, la primera vez que le dio un calambre, tuvo que asistirla don Lino, el médico de Pozal de la Culebra, de un acceso de histerismo. Más tarde el Emiliano, que sabía un poco de electricidad, se quedó de encargado de la compañía y lo primero que hizo fue fijar en los postes unas placas de hojalata con una calavera y dos huesos cruzados para avisar del peligro. Pero

---

[1] «En los pueblos castellanos suele distinguirse entre árboles masculinos y femeninos más que por su género por su tamaño. [...] un nogal, con una gran copa, ancha y poderosa, será una «nogala» (Urdiales Yuste 2006: 168).

[2] Sus problemas.

lo más curioso es que la tía Bibiana, desde que trazaron el
tendido, no volvió a probar una nuez de su nogala porque
decía que daban corriente. Y era una pena porque la nogala
de la tía Bibiana era la única del pueblo y rara vez se lograban
sus frutos debido al clima. Al decir de don Benjamín, que
siempre salía al campo sobre su Hunter inglés seguido de su
lebrel de Arabia, semicorbato, con el tarangallo en el collar si
era tiempo de veda, las nueces no se lograban en mi pueblo a
causa de las heladas tardías. Y era bien cierto. En mi pueblo
las estaciones no tienen ninguna formalidad y la primavera
y el verano y el otoño y el invierno se cruzan y entrecruzan
sin la menor consideración. Y lo mismo puede arreciar el
bochorno en febrero que nevar en mayo. Y si la helada viene
después de San Ciriaco, cuando ya los árboles tienen yemas,
entonces se ponen como chamuscados y al que le coge ya no
le queda sino aguardar al año que viene.

Pero la tía Bibiana era tan terca que aseguraba que la
flor de la nogala se chamuscaba por la corriente, pese a que
cuando en el pueblo aún nos alumbrábamos con candiles
ya existía la helada negra. En todo caso, durante el verano,
el autillo se asentaba sobre la nogala y pasaba las noches
ladrando lúgubremente a la luna. Volaba blandamente y
solía posarse en las ramas más altas y si la luna era grande
sus largas orejas se dibujaban a contraluz. Algunas noches
los chicos nos apostábamos bajo el árbol y cuando él llegaba
le canteábamos y él entonces se despegaba de la nogala como
una sombra, sin ruido, pero apenas remontaba lanzaba su
«quiú, quiú», penetrante y dolorido como un lamento. Pese
a todo nunca supimos en el pueblo dónde anidaba el autillo,

siquiera don Benjamín afirmara que solía hacerlo en los nidos que abandonaban las tórtolas y las urracas, seguramente en el soto, o donde las chovas, en las oquedades del campanario.

Con el tendido de luz, aparecieron también en el pueblo los abejarucos. Solían llegar en primavera volando en bandos diseminados y emitiendo un gargarismo cadencioso y dulce. Con frecuencia yo me tumbaba boca arriba junto al almorrón, sólo por el placer de ver sus colores brillantes y su vuelo airoso, como de golondrina. Resistían mucho y cuando se posaban lo hacían en los alambres de la luz y entonces cesaban de cantar, pero a cambio, el color castaño de su dorso, el verde iridiscente de su cola y el amarillo chillón de la pechuga fosforecían bajo el sol con una fuerza que cegaba. Don Justo del Espíritu Santo, el cura párroco, solía decir desde el púlpito que los abejarucos eran hermosos como los Arcángeles, o que los Arcángeles eran hermosos como los abejarucos, según le viniera a pelo una cosa o la otra, lo que no quita para que el Antonio, por distraer la inercia de la veda, abatiese uno un día con la carabina de diez milímetros. Luego se lo dio a disecar a Valentín, el secretario, y se lo envió por Navidades, cuidadosamente envuelto, a la tía Marcelina, a quien, por lo visto, debía algún favor.

4
LA PIMPOLLADA DEL PÁRAMO

Todo eso es de la parte de poniente, camino de Pozal de la Culebra. De la parte del naciente, una vez que se sube por las trochas al Cerro Fortuna, se encuentra uno en el páramo. El páramo es una inmensidad desolada, y el día que en el cielo hay nubes, la tierra parece el cielo y el cielo la tierra, tan desamueblado e inhóspito es. Cuando yo era chaval, el páramo no tenía principio ni fin, ni había hitos en él, ni jalones de referencia. Era una cosa tan ardua y abierta que sólo de mirarle se fatigaban los ojos. Luego, cuando trajeron la luz de Navalejos, se alzaron en él los postes como gigantes escuálidos y, en invierno, los chicos, si no teníamos mejor cosa que hacer, subíamos a romper las jarrillas con los tiragomas. Pero, al parecer, cuando la guerra, los hombres de la ciudad dijeron que había que repoblar, que si en Castilla no llovía era por falta de árboles, y que si los trigos no medraban era por falta de lluvia y todos, chicos y grandes, se pusieron a la tarea, pero, pese a sus esfuerzos, el sol de agosto calcinaba los brotes y, al cabo de los años, apenas arraigaron allí media docena de pinabetes y tres cipreses raquíticos.

Mas en mi pueblo están tan hechos a la escasez que ahora
llaman a aquello, un poco fatuamente, la Pimpollada. Mas,
antes de ser aquello la Pimpollada y antes de traer la luz de
Navalejos, Padre solía subir a aquel desierto siempre que se
veía forzado a adoptar alguna resolución importante. Don
Justo del Espíritu Santo, el señor cura, que era compañero
de Seminario de mi tío Remigio, el de Arrabal de Alamillo,
decía de Padre que hacía la del otro[1] y al preguntarle quién
era el otro, él respondía invariablemente que Mahoma. Y en
el pueblo le decían Mahoma a Padre aunque nadie, fuera
de mí y quizá don Benjamín que tenía un Hunter inglés
para correr las liebres, sabía allí quién era Mahoma. Yo me
sé que Padre subió varias veces al páramo por causa mía,
aunque en verdad yo no fuera culpable de sus disgustos,
pues el hecho de que no quisiera estudiar ni trabajar en el
campo no significaba que yo fuera un holgazán. Yo notaba
en mi interior, desde chico, un anhelo exclusivamente con-
templativo y tal vez por ello nunca me interesó el Colegio,
ni me interesó la petulancia del profesor, ni el tablero donde
dibujaba con tizas de colores las letras y los números. Y un
domingo que Padre se llegó a la capital para sacarme de
paseo, se tropezó en el patio con el Topo, mi profesor, y fue
y le dijo: «¿Qué?». Y el maestro respondió: «Malo. De ahí no
sacaremos nada; lleva el pueblo escrito en la cara». Para Padre

---

[1]   Se alude a la expresión, que en España tiene carácter proverbial,
de «Si la montaña no viene a Mahoma, Mahoma va a la montaña»; aquí
significa acudir a un lugar sagrado o mágico para escuchar una revelación
de la divinidad.

aquello fue un mazazo y se diría por sus muecas y aspavientos
y el temblorcillo que le agarraba el labio inferior que le había
proporcionado la mayor contrariedad de su vida.

Por el verano él trataba de despertar en mí el interés y
la afición por el campo. Yo miraba a los hombres hacer y
deshacer en las faenas y Padre me decía: «Vamos, ven aquí
y echa una mano». Y yo echaba, por obediencia, una mano
torpe e ineficaz. Y él me decía: «No es eso, memo. ¿Es que no
ves cómo hacen los demás?». Yo sí lo veía y hasta lo admiraba
porque había en los movimientos de los hombres del campo
un ritmo casi artístico y una eficacia palmaria, pero me
aburría. Al principio pensaba que a mí me movía el orgullo y
un mal calculado sentimiento de dignidad, pero cuando me
fui conociendo mejor me di cuenta de que no había tal sino
una vocación diferente. Y al cumplir los catorce, Padre me
subió al páramo y me dijo: «Aquí no hay testigos. Reflexiona:
¿quieres estudiar?». Yo le dije: «No». Me dijo: «¿Te gusta el
campo?». Yo le dije: «Sí». Él dijo: «¿Y trabajar en el campo?».
Yo le dije: «No». Él entonces me sacudió el polvo en forma[2]
y, ya en casa, soltó al Coqui y me tuvo cuarenta y ocho horas
amarrado a la cadena del perro sin comer ni beber.

---

[2] Me dio una buena paliza.

5
LOS HERMANOS HERNANDO

El páramo de Lahoces desciende suavemente hacia Villalube del Pan y desde mi pueblo tiene dos accesos —uno
por delante del cerro y otro por detrás— por los que sólo
puede subirse a uña de caballo. De la parte de mi pueblo
el cueto queda flotando sobre los rastrojos y cuando le da
la luz de cierta manera se pone turbio y agrisado como una
ballena. Y a pesar de que el páramo queda más próximo de
Villalube del Pan que de mi pueblo, las tierras son nuestras y
pertenecían cuando yo era chico a los hermanos Hernando.
Hernando Hernando, el mayor de los tres, regentaba además
la cantina del pueblo y despachaba un clarete casi incoloro
que engañaba la vista porque bastaban tres vasos para apañar una borrachera. El vino ese le pisaban en los lagares de
Marchamalo, a tres leguas de mi pueblo, y, al decir de los
entendidos, no era recio tan sólo por las uvas de sus baci-
llares, un verdejo sin pretensiones, sino porque los mozos
trituraban la uva sin lavarse, con la acritud del sudor y del
polvo aun agarrada a los pies. Bueno, pues los hermanos
Hernando limpiaron el páramo de cascajo y luego sembraron

el trigo en cerros, como es de ley[1], pero a los pocos años lo sembraron a manta y recogieron una cosecha soberana. Y todos en el pueblo querían conocer el secreto porque el trigo sembrado a manta cunde más, como es sabido, y nadie podía imaginar cómo con una huebra y un arado romano corriente y moliente se consiguiera aquel prodigio. Mas, los hermanos Hernando eran taciturnos y reservones y no despegaban los labios. Y al llegar el otoño ascendían con sus aperos por la vereda sur y, como eran tres, según subían por el sendero, parecían los Reyes Magos. Una vez allí, daban vuelta a la tierra para que la paja pudriera y se oreas la tierra. Luego binaban en primavera como si tal cosa[2], pero lo que nadie se explicaba es cómo se arreglaban para cubrir la semilla sin cachear los surcos. Y si alguno pretendía seguirles, Norberto, el menor de los tres, disparaba su escopeta desde el arado y, según decían, tiraba a dar.

En todo caso, la ladera del cerro es desnuda e inhóspita y apenas si con las lluvias de primavera se suaviza un tanto su adustez debido a la salvia y el espliego. Por la ladera aquella, que ignoro por qué la llaman en el pueblo La Lanzadera, se veían descender en el mes de agosto las polladas de perdiz a los rastrojos. Los perdigones andaban tan agudos que se diría que rodaban. Caminaban en fila india, la perdiz grande en cabeza, acechando cualquier imprevisto, mientras los perdigones descendían confiados, trompicando de vez en cuando en algún guijarro, piando torpemente, incipiente-

---

[1] Como debe ser.
[2] Sin dificultad.

mente, como gorriones. Luego, al ponerse el sol, regresaban al páramo con los buches llenos, de nuevo en rigurosa fila india, y allí en lo alto, en las tierras de los hermanos Hernando, pernoctaban.

Silos, el pastor, era más perjudicial para la caza que el mismo raposo, según decía el Antonio. Silos, el pastor, buscaba los nidos de perdiz con afán, y por las noches se llegaba con los huevos a la cantina de Hernando Hernando y se merendaba una tortilla. Una vez descubrió en la cárcava un nido con doce huevos y ese día bajó al pueblo más locuaz que de costumbre. El Antonio se enteró y se llegó a la cantina y, sin más, agarró la tortilla y la tiró al aire y le voceó al pastor: «Anda, cázala al vuelo. Así es como hay que cazar las perdices, granuja». El Silos se quedó, al pronto, como paralizado, pero en seguida se rehizo y le dijo al Antonio: «Lo que te cabrea es que te gane por la mano, pero el día que mates tú una hembra te la vas a comer con plumas». Después se puso a cuatro patas y engulló la tortilla sin tocarla con la mano siquiera, como los perros. Cuando el Antonio se fue, el Silos se echó al coleto tres tragos de clarete de Marchamalo y sentó cátedra sobre lo justo y lo injusto y decía: «Si él mata una hembra de perdiz, yo no puedo protestar aunque me deja sin huevos, pero si yo me como los huevos, él protesta porque le dejo sin perdices. ¿Qué clase de justicia es ésta?».

- MORAL VICTORY TO SILOS
- REVENGE BY NARRATOR
 TO FATHER

6
EL TESO MACHO DE FUENTETOBA

La tía Marcelina no es de mi pueblo, sino de Fuentetoba, una aldea a cuatro leguas. Tanto da[1], creo yo, porque Fuentetoba se asemeja a mi pueblo como un huevo a otro huevo. Fuentetoba tiene cereales alcores, cardos, avena loca, cuervos, chopos y un arroyo cangrejero como cualquier pueblo que se precie[2]. No obstante, Fuentetoba ofrece dos particularidades: los chopos están flacos como esqueletos y sobre el pueblo hay un teso que no es redondo, sino arisco y con la cresta erguida[3] como si fuera un teso macho, un teso de pelea. A este teso, que está siempre de vigilia sobre la aldea medio escondida entre los chopos y la tierra, le dicen allí la Toba. Y la Toba, en contra de lo que es frecuente en la región, no es de tierra calcárea, sino de piedra, una piedra mollar e ingrávida que se divide con el serrucho como el queso y

---

[1] Es igual.

[2] Como debe ser, como cualquier pueblo que cuide su imagen, que tenga orgullo local.

[3] Delibes aprovecha el doble significado de protuberancia rocosa en la cima de un monte o del pico de un monte y el de cresta de gallo.

que se utiliza en la comarca para que los pájaros enjaulados
se afilen bien el pico frotándose con ella.

Con la tía Marcelina ocurrió en casa algo muy chocante.
En realidad, la tía Marcelina era tía nuestra por parte de
madre y yo pensaba que siempre fuera tan viejecita y des-
medrada como la conocí, aunque Padre asegurara otra cosa.
Mas, así y todo, tenía una sonrisa infantil y bondadosa y
era ella la única vieja soltera del pueblo que tenía el valor de
sonreír así. Yo la apreciaba y ella me quería a mí también.
En su casa todo era orden y pulcritud y frescura y silencio.
Y Padre decía que su casa era como una tumba, pero si las
tumbas son así no debe ser cosa mala estar muerto. La tía
Marcelina coleccionaba hojas, mariposas, piedrecitas y las
conservaba con los colores tan vivos y llameantes que hacía
el efecto de que las había empezado a reunir ayer.

A mí, de chico, lo que me encantaba era el abejaruco
disecado que le regalara el Antonio, allá por[4] la Navidad del
año ocho, cuyo plumaje exhibía todos los colores del arco iris
y más. La tía Marcelina lo tenía en la cómoda de su alcoba
junto a una culebra de muelles dorados que al agarrarla tras
la cabeza movía nerviosamente la cola como si estuviera viva
y furiosa. Muchas veces yo me extasiaba ante el abejaruco
disecado o prendía a la culebra tras la cabeza para hacerla
colear. En esos casos la tía Marcelina me miraba compla-
cida y decía: «¿Te gusta?». Yo contestaba: «Más que comer
con los dedos, tía». Y ella decía: «Tuyo será». O bien: «Tuya
será». Padre me advertía: «Antes tendrá que morir ella». Y

---

4   Aproximadamente.

esta condición me ponía triste y como pesaroso de desear
aquello con toda el alma.

También Padre apreciaba mucho a la tía Marcelina y
siempre que recogíamos los frutos tempranos hacía un apartadijo y me decía: «Esto se lo llevas a tu tía». Y en septiembre,
las primeras perdices que se mataban en las laderas vecinas
eran para la tía, y para la tía eran las brevas de mayo y las
sandías tempranas de agosto. Y una vez que fuimos a la
capital, Padre me compró una postal de colores con dos
enamorados bajo una parra y me dijo que se la enviase a la
tía, a pesar de que nosotros llegábamos en el coche de Pozal
de la Culebra al mismo tiempo.

Pero mi pueblo es tierra muy sana y, por lo que dicen, hay
más longevos en él que en ninguna parte, y el año once la tía
Marcelina cumplió noventa y dos. Padre dijo en el jorco que
se armó tras el refresco: «Está más agarrada que una encina».
Y Madre dijo enfadada: «¿Es que te estorba?». Pero a las
pocas semanas a la tía Marcelina le dio un temblor, empezó
a consumirse y se marchó en ocho días. En el testamento
dejaba todos sus bienes a las Monjas del Pino, y Padre, al
enterarse, se subía por las paredes y llamaba a la difunta cosas
atroces, incluso hablaba de reclamar judicialmente contra las
monjas y exigirlas, al menos, el importe de tantas perdices y
de tantos frutos tempranos y de la postal de los novios bajo
la parra que yo la envié desde la ciudad. Pero como no tenía
papeles se aguantó, y yo, al pensar en lo que habría sido del
hermoso abejaruco, sentía que me temblaban los párpados
y había de esforzarme para no llorar.

- Leaves her possesions to convent
- Marcelina wins battle
- Narrator wins over Father again

7
Las cangrejadas de San Vito

El arroyo Moradillo nace en la Fuente de la Salud, discurre por la chopera, que en mi pueblo llamamos los Encapuchados, y se lanza luego perezosamente entre dos murallas de carrizos y espadañas camino de Malpartida. Poco más allá tengo entendido que vierte en el arroyo Aceitero; las aguas de éste van a desembocar en las del Sequillo, cerca de Bellver de los Montes; las del Sequillo engrosan después las del Valderaduey, y las del Valderaduey, por último, se juntan con las del Duero justamente en la capital. Como es sabido, las aguas del Duero vierten en el Atlántico, junto a Oporto, lo que quiere decir que en mi pueblo, de natural sedentario, hay alguien que viaja y éstas son las aguas de la Fuente de la Salud que, según dicen, tienen excelentes propiedades contra los eczemas, los forúnculos, el psoriasis y otras afecciones de la piel, aunque lo cierto es que la vez que a Padre le brotó un salpullido en la espalda y se bañó en las aguas del Moradillo lo único que sacó en limpio fue una pulmonía. Sea de ello lo que quiera, mi pueblo es un foco de peregrinaje por este motivo, peregrinaje que se incrementó cuando la joven Sisinia, de veintidós años, hija del Telesforo y la Herculana, fue ultrajada por un bárbaro, allá por el año nueve, y murió por defender su doncellez. Don Justo del Espíritu Santo, el cura párroco, se obstinó en canonizarla y elevarla a los altares, y en ésas andan metidos en el pueblo todavía. Pero ése es otro cantar[1].

Tengan o no tengan eficacia las aguas del Moradillo contra las afecciones de la piel, lo que está fuera de duda es que es un regato cangrejero y que, allá por el comienzo del siglo, con un esparavel y cuatro apaleadores llenaba uno, en una tarde que saliera el norte, tres o cuatro sacos con poco esfuerzo. Por entonces las cosas no estaban reglamentadas con rigor y uno podía pescar cangrejos con reteles, como es de ley[2], o con araña, esparavel o sencillamente a mano, mojándose el culo, como dice el refrán que debe hacer el que quiera comer peces. Lo cierto es que por San Vito, según es tradición, las familias del pueblo nos desperdigábamos por el arroyo a pescar cangrejos y al atardecer nos reuníamos en los Encapuchados a merendar. Cada cual tenía su sector designado en las riberas, y Madre, Padre, las Mellizas, la tía Marcelina y yo nos instalábamos junto a los siete chopos rayanos al soto que en el pueblo les dicen, no sé por qué, los Siete Sacramentos. Una vez allí, Padre depositaba cuidadosamente los reteles en los remansos más profundos, apartando los carrizos con la horquilla. Padre solía cebar con tasajo, pero si las cosas venían mal me entregaba la azuela y

[1] Otro asunto.
[2] Como debe ser.

me hacía cavar en la tierra húmeda para buscar lombrices. Los cangrejos rara vez desdeñan este cebo. En cambio, el Ponciano cebaba los reteles con patatas fritas, y Valentín, el secretario, con bazo de caballo, y aún había quien lo hacía, como don Justo del Espíritu Santo, el cura párroco, con corteza de pan de centeno. Los más vivos, sin duda, eran los hermanos Hernando, los de la tierra del páramo de Lahoces, que colocaban el esparavel y después apaleaban las aguas de su sector hasta que la red se llenaba de cangrejos. Al anochecer, en el soto, cada cual los cocinaba en hogueras a su modo y los chicos hacíamos silbatos con las patas más gruesas debidamente ahuecadas. Recuerdo que Madre poseía una receta que venía de mi bisabuela y que consistía en poner los cangrejos a la lumbre vivos con un dedo de aceite y un puño de sal gorda y cuando los animales entraban en la agonía les echaba un ajo triturado con el puño. La fórmula no tenía otro secreto que acertar con la rociada de vinagre justo en el momento en que los cangrejos comenzaban a enrojecer. Pero la fiesta en el soto terminaba mal por causa de Padre, que siempre empinaba la bota más de la cuenta, y ya es sabido que el clarete de Marchamalo es traicionero y en seguida se sube a la cabeza.

8

La Sisinia, mártir de la pureza

Mi pueblo, visto de perfil, desde el camino que conduce a Molacegos del Trigo, flanqueado por los postes de la luz que bajan del páramo, queda casi oculto por la Cotarra de las Maricas. La Cotarra de las Maricas es una lomilla de suave ondulación que, sin embargo, no parece tan suave a los agosteros que durante el verano acarrean los haces de trigo hasta las eras. Pues bien, a la espalda de la Cotarra de las Maricas, a cien metros escasos del camino de Molacegos del Trigo, fue apuñalada la joven Sisinia, de veintidós años, hija del Telesforo y la Herculana, una noche de julio allá por el año nueve. El asesino era un forastero que se trajo don Benjamín de tierras de Ávila para hacer el agosto y que, según dijeron luego, no andaba bien de la cabeza. Lo cierto es que, ya noche cerrada, el muchacho atajó a la Sisinia y se lo pidió, y, como la chica se lo negara, él trató de forzarla, y, como la chica se resistiera, él tiró de navaja y la cosió a puñaladas. Al día siguiente, en el lugar donde la tierra calcárea estaba empapada de sangre, don Justo del Espíritu Santo levantó una cruz de palo e improvisó una ceremonia en la que se congregó todo el pueblo con trajes domingueros y los niños y las niñas vestidos de Primera Comunión. Don Justo del Espíritu Santo asistió revestido y, con voz tomada por la emoción, habló de la mártir Sisinia y de lo grato que era al Altísimo el sacrificio de la pureza. Al final, le brillaban los ojos y dijo que no descansaría hasta ver a la mártir Sisinia en las listas sagradas del Santoral.

Un mes más tarde brotaron en torno de la cruz de palo unas florecitas amarillas y don Justo del Espíritu Santo atribuyó el hecho a inspiración divina y cuando el Antonio le hizo ver que eran las quitameriendas que aparecen en las eras cuando finaliza el verano, se irritó con él y le llamó ateo y renegado. Y con estas cosas, el lugar empezó a atraer a las gentes y todo el que necesitaba algo se llegaba a la cruz de palo y se lo pedía a la Sisinia, llamándola de tú y con la mayor confianza. En el pueblo se consideraba un don especial esto de contar en lo Alto con una intercesora natural de Rolliza del Arroyo, hija del Telesforo y de la Herculana. Y por el día, los vecinos la llevaban flores y por las noches le encendían candelitas de aceite metidas en fanales para que el matacabras no apagase la llama. Y lo cierto es que cada primavera las florecillas del campo familiares en la región —las margaritas, las malvas, las campanillas, los sonidos, las amapolas— se apretaban en torno a la cruz como buscando amparo y don Justo del Espíritu Santo se obstinaba en buscar un significado a cada una, y así decía que las margaritas, que eran blancas, simbolizaban la pureza de la Sisinia, las amapolas, que eran rojas, simbolizaban el sacrificio cruento de la Sisinia, las malvas, que eran malvas, simbolizaban la muerte de la Sisinia, pero al llegar a los sonidos, que eran amarillos, el cura siempre se atascaba, hasta que una vez, sin duda inspirado por la mártir, don Justo del Espíritu Santo afirmó que los sonidos, que eran amarillos, simbolizaban el oro a que la Sisinia renunció antes que permitir ser mancillada. En el pueblo dudábamos mucho que el gañán abulense le ofreciese oro a la Sisinia e incluso estábamos persuadidos de que el muchacho era un pobre perturbado que no tenía donde caerse muerto[1], pero don Justo del Espíritu Santo puso tanta unción en sus palabras, un ardor tan violento y tan desusado, que la cosa se admitió sin la menor objeción. Aquel mismo año, aprovechando las solemnidades de la Cuaresma, don Justo del Espíritu Santo creó una Junta pro Beatificación de la mártir Sisinia, a la que se adhirió todo el pueblo a excepción de don Armando y el tío Tadeo, y empezó a editar una hojita en la que se especificaban los milagros y las gracias dispensadas por la muchacha a sus favorecedores.

MAN FROM CITY SISINIA killed by HIM

DO WE ADMIRE THE PRIEST

---

[1] Expresión que enfatiza la pobreza de alguien.

- MAYBE IT'S GOOD SHE'S A MATYR

- Priest + narrator analogy

9
LAS MURALLAS DE ÁVILA

Don Justo del Espíritu Santo publicaba trimestralmente la hojita en loor de la mártir Sisinia y en ella dejaba constancia de los favores recibidos. Y un buen día, la tía Zenona afirmaba en ella que careciendo de dinero para retejar el palomar acudió a la mártir Sisinia y al día siguiente cobró tres años de atrasos de la renta de una tierra, que aunque menguada —un queso de oveja y seis celemines de trigo— le bastaron para adquirir la docena de tejas que el palomar requería. Otro día, era el Ponciano quien, necesitando un tornillo para el arado, halló uno en el pajero que aunque herrumbroso y torcido pudo ser dispuesto por el herrero para cumplir su misión. Dicha gracia la alcanzó igualmente el Ponciano después de encomendar el caso a la mártir Sisinia. En otra ocasión, fue la tía Marcelina, quien después de pasar una noche con molestias gástricas, imploró de la mártir Sisinia su restablecimiento y de madrugada vomitó verde y con el vómito desapareció el mal. Aún recuerdo que en la hojita del último trimestre del año once, el Antonio agradecía a la mártir Sisinia su intercesión para encontrar una perdiz alicorta que se le amonó entre las jaras, arriba en Lahoces, una mañana que salió al campo sin el Chinda, un perdiguero de Burgos que por entonces andaba con el moquillo. Todas estas gracias significaban que la joven Sisinia, mártir de la pureza, velaba desde Arriba por sus convecinos y ellos correspondían enviando al párroco un donativo de diez céntimos y en casos especiales, de un real, para cooperar a su beatificación. Mas don Justo del Espíritu Santo suplicaba al Señor que mostrase su predilección por la mártir Sisinia, autorizándola a hacer un milagro grande, un milagro sonado, que trascendiera de la esfera local.

Y un día de diciembre, allá por el año doce, don Justo del Espíritu Santo recibió desde Ávila un donativo de 25 pesetas de una señora desconocida para cooperar a la exaltación a los altares de la mártir Sisinia a quien debía una gracia muy especial. Como quiera que el asesino de la Sisinia fuera también abulense, don Justo del Espíritu Santo estableció entre ambos hechos una correlación y en la confianza de que se tratase del tan esperado milagro, el cura marchó a Ávila y regresó tres días más tarde un tanto perplejo. Los feligreses le asediaban a preguntas, y, al fin, don Justo del Espíritu Santo explicó que doña María Garrido tenía un loro de Guinea que enmudeció tres meses atrás y después de ser desahuciado por los veterinarios y otorrinolaringólogos de la ciudad, el animal recobró el habla tras encomendarle doña María a la mártir Sisinia. No obstante fracasar en su objetivo esencial, el viaje de don Justo del Espíritu Santo le enriqueció interiormente, ya que a partir de entonces raro fue el sermón en que el párroco no apelara a la imagen de las murallas de Ávila para dar plasticidad a una idea. Así, unas murallas como las de Ávila debían preservar las almas de sus feligreses contra los embates de la lujuria. El paraíso estaba cercado por unas murallas tan sólidas como las de Ávila, y con cada buena obra los hombres añadían un peldaño a la escala que les serviría para expugnar un día la fortaleza. La pureza, al igual que las demás virtudes, debía celarse como Ávila cela sus tesoros, tras una muralla de piedra, de forma que su brillo no trascienda al exterior. Fue a partir de entonces cuando, en mi pueblo, para aludir a algo alto, algo grande, algo fuerte o algo importante empezó a decirse: «Más alto que las murallas de Ávila», o «Más importante que las murallas de Ávila», aunque por supuesto ninguno, fuera del párroco y del gañán que asesinara a la Sisinia, estuvimos nunca en aquella capital.

10

Los nublados
de Virgen a Virgen[1]

Cada verano, los nublados se cernían sobre la llanura y mientras el cielo y los campos se apagaban lo mismo que si llegara la noche, los cerros resplandecían a lo lejos como si fueran de plata. Aún recuerdo el ulular del viento en el soto, su rumor solemne y desolado como un mal presagio que inducía a las viejas a persignarse y exclamar: «Jesús, alguien se ha ahorcado». Pero antes de estancarse la nube sobre el pueblo, cuando más arreciaba el vendaval, los vencejos se elevaban en el firmamento hasta casi diluirse y después picaban chirriando sobre la torre de la iglesia como demonios negros.

---

[1] «En Castilla los días se llaman santos y los hombres se llaman motes. Las referencias a un plazo, un ciclo o una faena agrícola no se designan por un guarismo seguido del nombre de un mes cualquiera, sino por el escueto nombre de un santo que lo resume todo. En Castilla nadie dirá 'de 15 de julio a quince de agosto' sino de Virgen a Virgen» (Delibes, *Castilla, lo castellano y los castellanos*, 251).

El año de la Gran Guerra[2], cuando yo partí, se contaron
en mi pueblo, de Virgen a Virgen, hasta veintiséis tormentas.
En esos casos el alto cielo se poblaba de nubes cárdenas,
aceradas en los bordes y, al chocar unas con otras, ocasio-
naban horrísonas descargas sobre la vieja iglesia o sobre los
chopos cercanos.

Tan pronto sonaba el primer retumbo del trueno, la tía
Marcelina iniciaba el rezo del trisagio, pero antes encendía a
Santa Bárbara[3] la vela del Monumento en cuyo extremo inferior constaba su nombre en rojo —Marcelina Yáñez— que
ella grababa con un alfiler de cabeza negra pasando después
cuidadosamente por las muescas un pellizco de pimentón. Y
al comenzar el trisagio, la tía Marcelina, tal vez para acrecen-
tar su recogimiento, ponía los ojos en blanco y decía: «Santo
Dios, Santo Fuerte, Santo Inmortal». Y nosotros repetíamos:
«Líbranos Señor de todo mal». En los cristales repiqueteaba
la piedra y por las juntas de las puertas penetraba el vaho
de la greda húmeda. De vez en cuando sonaba algún trueno
más potente y al Coqui, el perro, se le erizaban los pelos del
espinazo y la tía Marcelina interrumpía el trisagio, se volvía
a la estampa de Santa Bárbara e imploraba: «Santa Bárbara

[2] La Primera Guerra Mundial.

[3] Patrona de los marineros, mineros y otras profesiones de riesgo
físico, era costumbre encomendarse a ella si había tormenta, pues se la
consideraba protectora contra los rayos. La religiosidad eventual, sólo
para los momentos de peligro o interés personal, se critica con el refrán:
«acordarse de Santa Bárbara cuando truena». Santa muy popular, en
Hispanoamérica pasó a incorporarse también a religiones sincréticas
como la santería.

bendita, que en el cielo estás escrita, con jabón y agua bendita», y, acto seguido, reanudaba el trisagio: «Santo Dios, Santo Fuerte, Santo Inmortal», y nosotros respondíamos al unísono: «Líbranos Señor de todo mal».

Una vez, el nublado sorprendió a Padre de regreso de Pozal de la Culebra, donde había ido en la mula ciega, por pernalas para el trillo. Y como dicen que la piel de los animales atrae las exhalaciones, todos en casa, empezando por Madre, andábamos intranquilos. Únicamente la tía Marcelina parecía conservar la serenidad y así, como si la cosa no fuese con ella, prendió la vela a Santa Bárbara e inició el trisagio sin otras explicaciones. Pero, de pronto, chascó, muy próximo, el trallazo del rayo y no sé si por la trepidación o qué, la vela cayó de la repisa y se apagó. La tía Marcelina se llevó las manos a los ojos, después se santiguó y dijo, pálida como una difunta: «Al Isidoro le ha matado el rayo en el alcor; acabo de verlo». El Isidoro era mi padre, y Madre se puso loca, y como en esos casos, según es sabido, lo mejor son los golpes, entre las Mellizas y yo empezamos a propinarle sopapos sin duelo. De repente, en medio del barullo, se presentó Padre, el pelo chamuscado, los ojos atónitos, el collarón de la mula en una mano y el saco de pernalas en la otra. Las piernas le temblaban como ramas verdes y sólo dijo: «Ni sé si estoy muerto o vivo», y se sentó pesadamente sobre el banco del zaguán.

Una vez que la nube pasó y sobre los tesos de poniente se tendió el arco iris, me llegué con los mozos del pueblo a los chopos que dicen los Enamorados y allí, al pie, estaba muerta la mula, con el pelo renegrido y mate, como mojado.

Y el Olimpio, que todo lo sabía, dijo: «La silla le ha salvado».
Pero la tía Marcelina porfió que no era la silla sino la vela
y aunque era un cabo muy pequeño, donde apenas se leía
ya en las letras de pimentón: «elina Yáñez», la colocó como
una reliquia sobre la cómoda, entre el abejaruco disecado y
la culebra de muelles.

II

A LA SOMBRA DE LOS ENAMORADOS

Al pie del cerro que decimos el Pintao —único en mi pueblo que admite cultivos y que ofrece junto a yermos y perdidos redondas parcelas de cereal y los pocos majuelos que perviven en el término— se alzan los chopos que desde remotos tiempos se conocen con el nombre de los Enamorados. Y no cabe duda, digan lo que quieran los botánicos, que los árboles en cuestión son macho y hembra. Y están siempre juntos, como enlazados, ella —el chopo hembra— más llena, de formas redondeadas, recostándose dulcemente en el hombro de él —el chopo macho— desafiante y viril. Allí, al pie de esos chopos, fue donde la exhalación fulminó a la mula ciega de Padre el año de los nublados. Y allí, al pie de esos chopos, es donde se han forjado las bodas de mi pueblo en las cinco últimas generaciones. En mi pueblo, cuando un mozo se dirige a una moza con intención de matrimonio, basta con que la siente a la sombra de los chopos para que ella diga «sí» o «no». Esta tradición ha terminado con las declaraciones amorosas que en mi pueblo, que es pueblo de tímidos, constituían un arduo problema. Bien es verdad que,

a veces, de la sombra de los Enamorados sale una criatura,
pero ello no entorpece la marcha de las cosas, pues don Justo
del Espíritu Santo nunca se negó a celebrar un bautizo y una
boda al mismo tiempo. En mi pueblo, digan lo que digan
las malas lenguas, se conserva un concepto serio de la dignidad, y el sentido de la responsabilidad está muy aguzado.
Según decía mi tía Marcelina, en sus noventa y dos años
de vida no conoció un mozo que, a sabiendas, dejara en mi
pueblo colgada una barriga[1]. Pocos pueblos, creo yo, podrán
competir con esta estadística.

Cuando yo hablé —y es un decir— con la Rosa Mari, la
muchacha que desde niña me recomendara la tía Marcelina,
visité con frecuencia los Enamorados. Fue una tontería, porque la Rosa Mari jamás me gustó del todo. Pero la Rosa Mari
era una chiquilla limpia y hacendosa que a la tía Marcelina
la llenaba el ojo. La tía Marcelina me decía: «Has de buscar
una mujer de su casa». Y luego, como quien no quiere la
cosa, añadía: «Ve, ahí tienes a la Rosa Mari. El día que seas
mozo debes casarte con ella». De este modo, desde chico
me sentí comprometido y al empezar a pollear me sentí en
la obligación de pasear a la Rosa Mari.

Y como nunca tuve demasiada imaginación, el primer
día que salimos la llevé a los Enamorados. Para mi fortuna
la sombra de los chopos estaba aquel día ocupada por el
Corpus y la Lucía, y la Rosa Mari no tuvo oportunidad de
decirme «sí» o «no». Al otro día que lo intenté, el Agapito
me ganó también por la mano y en vista de ello seguimos

---

[1] Abandonar el padre a la madre embarazada.

hasta el majuelo del tío Saturio, donde al decir del Antonio solía encamar el matacán. Esto del matacán tiene también su importancia, pues en el pueblo llegaron a decir que en él se encarnaba el demonio, aunque yo siempre lo puse en duda. Sea como quiera, cada vez que conducía a la Rosa Mari a la sombra de los Enamorados alguien se me había anticipado de forma que, pese a mis propósitos, nunca llegué a adquirir con ella un verdadero compromiso. Ahora pienso si no sería la mártir Sisinia la que velaba por mí desde las alturas, porque aunque la Rosa Mari era una buena chica, y hacendosa y hogareña como la tía Marcelina deseaba, apenas sabía despegar los labios, y entre eso y que yo no soy hablador nos pasábamos la tarde dándonos palmetazos para ahuyentar los tábanos y los mosquitos. Por eso cuando decidí marchar del pueblo, el recuerdo de la Rosa Mari no me frenó, siquiera pienso algunas veces que si yo no me casé allá, cuando amasé una punta de pesos, se debiera antes que nada al recuerdo de la Rosa Mari. Por más que tampoco esto sea cierto, que si yo no me casé allá es porque desde que salí del pueblo tan sólo me preocupé de afanar y amontonar plata para que, a la postre, el diablo se la lleve.

12

EL MATACÁN DEL MAJUELO

El matacán del majuelo del tío Saturio llegó a ser una obsesión en el pueblo. El matacán, como es sabido, es una liebre que se resabia y a fuerza de carreras y de años enmagrece, se la desarrollan las patas traseras, se la aquilla el pecho y corta el viento como un dalle. Por otra parte, la carne del matacán no es codiciada, ya que el ejercicio la endurece, el sabor a bravío se acentúa y por lo común no hay olla que pueda con ella. Esto quiere decir que el afán por cazar el matacán no lo inspiraba la apetencia de la presa sino que era una simple cuestión de amor propio. La liebre aquella se diría que tenía inteligencia, y sabedora que en el pueblo había buenos galgos, encamaba siempre en el majuelo del tío Saturio. De esta forma, cuando el galguero la arrancaba, sus fintas y quiebros entre las cepas le daban una ventaja inicial que luego incrementaba en el Otero del Cristo, ya que las liebres, como es sabido, corren mejor cuesta arriba que cuesta abajo. El matacán regateaba muy por lo fino y así que alcanzaba las pajas de la vaguada podía darse por salvado, ya que las laderas del Otero del Cristo la conducían al perdedero y, en fin de cuentas, a la libertad. De otro lado, si el Antonio o el Norberto le acechaban con la escopeta, el matacán se reprimía si el majuelo tenía hoja o se arrancaba largo si no la tenía, y en uno u otro caso, tanto el Antonio como el Norberto siempre erraban el disparo. Yo asistí a varios duelos entre los galgos del pueblo y el matacán y en todos, a excepción del último, salió vencedor el matacán. Al Sultán, el galgo del Ponciano, que era blando de pies, le dejaba para el arrastre después de cada carrera, mientras el Quin, el galgo de los hermanos Hernando, que agarraba la sarna cada primavera y andaban todo el tiempo untándole de pomada del Perú, rara vez se acercó al matacán más de tres cuerpos. En vista de ello don Benjamín se creyó en el deber de poner su lebrel de Arabia y su caballo Hunter inglés al servicio del pueblo, pues ya empezaba a rumorearse por todas partes que el matacán era el mismísimo diablo, pese a que don Justo del Espíritu Santo nos instaba domingo tras domingo a acorazarnos contra la superstición lo mismo que se acorazaba Ávila tras sus murallas. Así, el día que el Silos, el pastor, cantó la presencia del matacán en el majuelo y don Benjamín con su Hunter inglés y su lebrel de Arabia se puso en movimiento, todo el pueblo marchó tras él. El duelo entre el matacán y el lebrel fue violento. El matacán de salida hizo uno de sus típicos esguinces tras la primera cepa, pero el lebrel, intuyéndolo, le atajó y llegó a tener por un momento el rabo de la liebre entre sus fauces. Luego, en las parras siguientes, el matacán regateó con tanta sabiduría que le sacó dos cuerpos al lebrel. Don Benjamín, galopaba en el Hunter inglés voceando: «¡Hala, hala!», y así llegaron a las pajas del Otero del Cristo y, una vez que comenzó la pendiente, el matacán fue sacándole ventaja al perro hasta que se perdió de vista. Al cabo de un tiempo el lebrel regresó derrotado. Era un perro que desbarraba mucho y como el terreno estaba duro se le pusieron los pies calientes. Durante una semana, don Benjamín le tuvo amarrado, con unos botines de algodón empapados en aceite de enebro y cuando le dio por curado se reunió con el Ponciano, el Antonio y los hermanos Hernando para estudiar la estrategia a seguir en su lucha con el matacán. La encerrona que le prepararon fue tan alevosa que el Antonio le derribó, al fin, de dos disparos desde su puesto, camino del perdedero, cuando el matacán se había zafado ya del Sultán, del Quin, del lebrel de Arabia y de la escopeta del Norberto. Al cabo le guisaron en la cantina de Hernando Hernando, pero nadie pudo probar bocado porque el animal tenía un gusto que tiraba para atrás.

13
UN CHUSCO PARA CADA CASTELLANO

Conforme lo dicho, las tierras de mi pueblo quedan cir-
cunscritas por las de Pozal de la Culebra, Navalejos, Villalube del Pan, Fuentetoba, Malpartida y Molacegos del Trigo.
Pozal de la Culebra es la cabeza y allí está el Juzgado, el
Registro, la Notaría y la farmacia. Pero sus tierras no por
ello son mejores que las nuestras y el trigo y la cebada hay
que sudarles al igual que por aquí. Los tesos, sin embargo,
nada tienen que ver con la división administrativa, porque
los tesos, como los forúnculos, brotan donde les place y no
queda otro remedio que aceptarlos donde están y como son.
Y de eso —de tesos— no andamos mal en mi pueblo, pues
aparte el páramo de Lahoces, tenemos el Cerro Fortuna, el
Otero del Cristo, la Lanzadera, el Cueto Pintao, y la Mesa
de los Muertos. Éste de la Mesa de los Muertos también
tiene sus particularidades y su leyenda. Pero iba a hablar
de las tierras de mi pueblo que se dominan, como desde
un mirador, desde el Cerro Fortuna. Bien mirado, la vista
desde allí es como el mar, un mar gris y violáceo en invierno,
un mar verde en primavera, un mar amarillo en verano y

un mar ocre en otoño, pero siempre un mar. Y de ese mar, mal que bien, comíamos todos en mi pueblo. Padre decía a menudo: «Castilla no da un chusco para cada castellano», pero en casa comíamos más de un chusco y yo, la verdad por delante, jamás me pregunté, hasta que no me vi allá, quién quedaría sin chusco en mi pueblo. Y no es que Padre fuese rico, pero ya se sabe que el tuerto es el rey en el país de los ciegos[1] y Padre tenía voto de compromisario por aquello de la contribución. Y, a propósito de tuertos, debo aclarar que las argayas de los trigos de mi pueblo son tan fuertes y aguzadas que a partir de mayo se prohíbe a las criaturas salir al campo por temor a que se cieguen. Y esto no es un capricho, supuesto que el Felisín, el chico del Domiciano, perdió un ojo por esta causa y otro tanto le sucedió a la cabra del tío Bolívar. Fuera de esto, mi pueblo no encerraba más peligros que los comunes, pero el más temido por todos era el cielo. El cielo a veces enrasaba y no aparecía una nube en cuatro meses y cuando la nube llegaba, al fin, traía piedra en su vientre y acostaba las mieses. Otras veces, el cielo traía hielo en mayo y los cereales, de no soplar el norte con la aurora que arrastrara la friura, se quemaban sin remedio. Otras veces, el agua era excesiva y los campos se anegaban arrastrando las semillas. Otras, era el sol quien calentaba a destiempo, mucho en marzo, poco en mayo, y las espigas encañaban mal y granaban peor. Incluso una vez, el año de los nublados, el trigo se perdió en la era, ya recogido, porque no hubo día

---

[1] Refrán de fácil comprensión: cuando no hay candidatos capacitados para algo, se escoge el menos malo.

sin agua y la cosecha no secó y no se pudo trillar. Total, que en mi pueblo, en tanto el trigo no estuviera triturado, no se fiaban y se pasaban el día mirando al cielo y haciendo cábalas y recordaban la cosecha del noventa y ocho como una buena cosecha y desde entonces era su referencia y decían: «Este año no cosechamos ni el 50 por 100 que el noventa y ocho». O bien: «Este año la cosecha viene bien, pero no alcanzará ni con mucho a la del noventa y ocho». O bien: «Con coger dos partes de la del noventa y ocho ya podemos darnos por contentos». En suma, en mi pueblo los hombres miran al cielo más que a la tierra, porque aunque a ésta la mimen, la surquen, la levanten, la peinen, la ariquen y la escarden[2], en definitiva lo que haya de venir vendrá del cielo. Lo que ocurre es que los hombres de mi pueblo afanan para que un buen orden en los elementos atmosféricos no les coja un día desprevenidos; es decir, por un por si acaso.

Y allí, en la enorme extensión de tierras que se abarca desde el Cerro Fortuna, silban los alcaravanes en los crepúsculos de junio, celebran sus juicios los cuervos durante el invierno y se asientan en el otoño los bandos nuevos de avutardas, porque en un campo así, tan pelado y desguarnecido, no es cosa fácil sorprenderlas.

---

[2] Las distintas labores para la siembra y el cultivo: hacer surcos al arar; remover la tierra hacia arriba; quitar piedras; ablandar la tierra; quitar las malas hierbas.

14
GRAJOS Y AVUTARDAS

En la gran planicie que forman las tierras de mi pueblo, de la parte de Molacegos del Trigo, hay una guerrilla de chopos y olmos enanos, donde al decir del Olimpio celebraban sus juicios los grajos en invierno. El Olimpio aseguraba haberlos visto por dos veces, según salía con la huebra al campo de madrugada. Al decir del Olimpio, los jueces se asentaban sobre las crestas desnudas de los chopos, mientras el reo, rodeado por una nube de grajos, lo hacía sobre las ramas del olmo que queda un poco rezagado según se mira a la izquierda. Al parecer, en tanto duraba el juicio, los cuervos se mantenían en silencio, a excepción de uno que graznaba patéticamente ante el jurado. La escena, según el Olimpio, era tan solemne e inusual que ponía la carne de gallina. Luego, así que el informador concluía, los jueces intercambiaban unos graznidos y, por último, salían de entre las filas de espectadores tres verdugos que ejecutaban al reo a picotazos sin que la víctima ofreciera resistencia. En tanto duraba la ejecución, la algarabía del bando se hacía tan estridente y siniestra que el Olimpio, la primera vez, no

pudo resistirlo y regresó con la huebra al pueblo. Cuando el
Olimpio contó esta historia, Hernando Hernando dijo que
había visto visiones, pero entonces el Olimpio dijo que le
acompañáramos y allá fuimos todo el pueblo en procesión
hasta el lugar y, en verdad, los grajos andaban entre los
terrones, pero así que nos vieron levantaron el vuelo y no
quedó uno. Hernando Hernando se echó a reír y le preguntó
al Olimpio dónde andaba el muerto y el Olimpio, con toda
su sangre fría, dijo que lo habrían enterrado. Lo cierto es que
dos años después regresó al pueblo con el mismo cuento y
nadie le creyó. Yo era uno de los escépticos, pero, años más
tarde, cuando andaba allá afanando, cayó en mis manos un
libro de Hyatt Verrill[1] y vi que contaba un caso semejante al
del Olimpio y lo registraba con toda seriedad. Sea de ello lo
que quiera, los cuervos constituyen una plaga en mi pueblo
y de nada vale trancar los palomares durante la sementera
una vez que los grajos andan sueltos, porque ya es sabido que
allá donde caen estos pajarracos remueven los sembrados y
acaban con la simiente.

---

[1] Alpheus Hyat Verrill (1871-1954), prolífico escritor, naturalista,
explorador e inventor estadounidense que cultivó una gran variedad de
géneros, como la literatura científica dedicada a la naturaleza, los textos de
divulgación, los libros de viaje y la ciencia ficción. También realizó importantes contribuciones al desarrollo de la fotografía en color. La mención
de Verrill como autoridad conviene a la estancia de Isidoro en América,
ya que el escritor realizó numerosas expediciones e investigaciones en
Hispanoamérica y en especial a Panamá, destino inicial de Isidoro. Su
condición de escritor y fotógrafo también encaja en la naturaleza mixta
—textual y gráfica— de las primeras ediciones de *Viejas historias*.

De la misma llanada que se extiende ante los árboles eran querenciosas, en el otoño, las avutardas[2] una vez los pollos llegaban a igualones. Eran pájaros tan majestuosos y prietos de carnes que tentaban a todos, incluso a los no cazadores, como Padre. Sin embargo, su desconfianza era tan grande que bastaba que uno abandonara el pueblo por el camino de Molacegos del Trigo para que ellas remontasen el vuelo sin aguardar a ver si era hombre o mujer, o si iba armado o desarmado. En cambio, de las caballerías no se espantaban, de forma que en el pueblo empezaron a cazarlas desde una mula, el cazador a horcajadas cubierto con una manta. El sistema dio buenos resultados e incluso Padre, que no disparaba más que la bota durante las cangrejadas de San Vito, cobró una vez un pollo de seis kilos que estaba cebado y tierno como una pava. Pero el pollo ese no fue nada al lado del macho que bajó el Valentín, el secretario, que dio en la báscula trece kilos con cuatrocientos gramos. El Valentín andaba jactancioso de su proeza, hablando con unos y con otros, y decía: «El caso es que no sé si disecarle o hincarle el diente». Don Justo del Espíritu Santo le aconsejaba que le disecara pero el Ponciano abogaba por una merienda en la bodega de la señora Blandina. Así pasaron los días y cuando el Valentín se decidió y, finalmente, reunió a los amigos en la bodega de la señora Blandina y tenían todo dispuesto para asarla, vino un mal olor y el Emiliano dijo: «Alguien se ha ido»[3]. Pero nadie se había ido sino que la avutarda estaba

---

[2] Las avutardas tenían inclinación hacia ese lugar, la llanada.

[3] Expeler un gas, tirarse un pedo. Por el mal olor.

podrida y empezaba a oler. Pero al animal no le quedaban más plumas que las del pescuezo y el obispillo y tampoco era cosa de disecarla así.

15
LAS PIEDRAS NEGRAS

Próximo a la Pimpollada, sin salirse del páramo, según se camina hacia Navalejos, en la misma línea del tendido, se observa en mi pueblo un fenómeno chocante: lo que llamamos de siempre las Piedras Negras. En realidad, no son negras las piedras, pero comparadas con las calizas, albas y deleznables, que, por lo regular, abundan en la comarca, son negras como la pez. A mí siempre me intrigó el fenómeno de que hubiera allí una veta aislada de piedras de granito que, vista en la distancia —que es como hay que mirar las cosas de mi pueblo— parece un extraño lunar. Allí fue donde me subió mi tío Remigio, el cura, el que fue compañero de seminario de don Justo del Espíritu Santo, en Valladolid, la vez que vino por el pueblo a casar a mi prima Emérita con el veterinario de Malpartida. Yo le dije entonces a bocajarro: «Tío, ¿qué es la vocación?». Y él me respondió: «Una llamada». Y yo le dije: «¿Cómo siente uno esa llamada?». Y él me dijo: «Eso depende». Y yo le dije: «Tengo dieciséis años y nada. ¿Es cosa de desesperar, tío?». Y él me dijo: «Nada de eso; confía en la misericordia de Dios».

Mi tío Remigio era muy nervioso y movía siempre una pierna porque sentía como corrientes, y en ocasiones, cuando estaba confesando, tenía que abrir la puerta del confesonario para sacar la pierna y estirarla dos o tres veces. Mi tío Remigio era flaco y anguloso y nada había redondo en su cuerpo fuera de la coronilla, y cuando yo le pregunté si se sabía cura desde chico, tardó un rato en contestar y al fin me dijo: «Yo oí la voz del Señor cazando perdices con reclamo, para que lo sepas». Yo me quedé parado, pero, al día siguiente, el tío Remigio me dijo: «Vente conmigo a dar un paseo». Y pian pianito nos llegamos a las Piedras Negras. Él se sentó en una de ellas y yo me quedé de pie, mirándole a la cara fijamente, que era la manera de hacerle hablar. Entonces él, como si prosiguiera una conversación, me dijo: «Yo nunca había cazado perdices con reclamo y una primavera le dije a Patrocinio, el guarda: «Patro, tengo ganas de cazar perdices con reclamo». Y él me dijo: «Aguarda a mayo y salimos con la hembra». Y yo le dije: «¿La hembra?». Y él me dijo: «Es el celo, entonces, y los machos acuden a la hembra y se pelean por ella». Y de que llegó mayo subimos y en un periquete, sobre estas mismas piedras, hizo él un tollo con cuatro jaras y nos encerramos los dos en él, yo con la escopeta, vigilando. Y, a poco, él me dijo: «¿No puedes poner quieta la pierna?». Y yo le dije: «Son los nervios». Y él me dijo: «Aguántalos, si te sienten no entran». Y la hembra, enjaulada a veinte pasos de la mirilla, hacía a cada paso: «Co-re-ché, co-re-ché». Entonces me gustaban mucho las mujeres y a veces me decía: «¿Qué puede hacer uno para librarse de las mujeres?». Y cuando la hembra ahuecó la voz, Patrocinio me susurró al oído: «Ojo, ya recibe… ¿No puedes poner quieta la pierna?». De frente, a la derecha de mi campo visual, apareció un macho majestuoso. Patrocinio me susurró al oído: «¡Tira!». Pero yo apunté y bajé luego la escopeta. Y me dijo Patrocinio: «¡Tira! ¿A qué demontres[1] aguardas?». Volví a armarme y apunté cuidadosamente a la pechuga del macho de perdiz. «¡Tira!», volvió a decirme Patrocinio, pero yo bajé de nuevo la escopeta. «No puedo; sería como si disparase contra mí mismo». Él entonces me arrebató el arma de las manos, apuntó y disparó, todo en un segundo. Yo había cerrado los ojos y cuando los abrí el macho aleteaba impotente a dos pasos de la jaula. Al salir del tollo me dijo Patrocinio de mal humor: «Esa pierna adelantarías más cortándola». Pero yo sentí náuseas y pensaba: «Ya sé lo que he de hacer para que las mujeres no me dominen». Y así es como me hice religioso».

Yo tenía la boca seca y escuchaba embobado, y al cabo de un rato le dije a mi tío Remigio: «Pero en la jaula era la hembra la que estaba encerrada, tío». A mi tío Remigio le brillaban mucho los ojos, dio dos patadatas al aire y me dijo: «¿Qué más da, hijo? Lo importante es poner pared por medio».

---

[1] Coloquial, eufemismo de «demonios». ¿A qué esperas?

16
La Mesa de los Muertos

A mí, como ya he dicho, siempre me intrigaron las deformidades geológicas y recuerdo que la vez que le pregunté al profesor Bedate por el fenómeno de las Piedras Negras, se puso a hablarme de la época glacial, del ternario y del cuaternario y me dejó como estaba. Es lo mismo que cuando yo le pregunté al Topo, el profesor de Matemáticas, qué era pi y él me contestó que «tres, catorce, dieciséis», como si eso fuera una respuesta. Cuando yo acudí al Topo o al profesor Bedate, lo que quería es que me respondieran en cristiano, pero está visto que los que saben mucho son pozos cerrados y se mueven siempre entre abstracciones. Por eso me libré muy mucho de consultar a nadie por el fenómeno de la Mesa de los Muertos, el extraño teso que se alzaba a medio camino entre mi pueblo y Villalube del Pan. Era una pequeña meseta sin acceso viable, pues sus vertientes, aunque no más altas de seis metros, son sumamente escarpadas. Arriba, la tierra, fuerte y arcillosa, era lisa como la palma de la mano y tan sólo en su lado norte se alzaba, como una pirámide truncada, una especie de hito funerario de tierra apelmazada. En mi

pueblo existía una tradición supersticiosa según la cual el que
arara aquella tierra cogería cantos en lugar de mies y moriría tan pronto empezara a granar el trigo de los bajos. No
obstante, allá por el año seis, cuando yo era aún muy chico,
el tío Tadeo le dijo a don Armando, que era librepensador
y hacía las veces de Alcalde, que si le autorizaba a labrar la
Mesa de los Muertos. Don Armando se echó a reír y dijo que
ya era hora de que en el pueblo surgiera un hombre y que no
sólo podía labrar la Mesa sino que la Mesa era suya. El tío
Tadeo hizo una exploración y al concluir el verano se puso
a trabajar en una especie de pluma para izar las caballerías
a la meseta. Para octubre concluyó su ingenio y tan pronto
se presentó el tempero, armó la pluma en el morro y subió
las caballerías entre el asombro de todos. La mujer del tío
Tadeo, la señora Esperanza, se pasaba los días llorando y, a
medida que transcurría el tiempo, se acentuaban sus temores
y no podía dormir ni con la tila de Fuentetoba que, al decir
de la tía Marcelina, era tan eficaz contra el insomnio que al
Gasparín, cuando anduvo en la mili, le tuvieron una semana
en el calabozo sólo porque tomó media taza de aquella tila
y se quedó dormido en la garita, cuando hacía de centinela.
El caso es que, al comenzar la granazón, todos en el pueblo,
antes de salir al campo a escardar, se pasaban por la casa del
tío Tadeo y la preguntaban a la Esperanza: «¿Cómo anda
el Tadeo?». Y ella respondía de malos modos porque por
aquellas fechas estaba ya fuera de sí. Sin embargo, una cosa
chocaba en el pueblo, a saber, que don Justo del Espíritu
Santo no se pronunciase ni a favor ni en contra de la decisión del tío Tadeo y tan sólo una vez dijo desde el púlpito

que no por rodear nuestras tierras de unas murallas tan inexpugnables como las de Ávila sería mayor la cosecha ya que el grano lo enviaba Dios.

El Olimpio y la Macaria creyeron entender que don Justo del Espíritu Santo aludía con ello veladamente a las escarpaduras de la Mesa de los Muertos, pero don Justo del Espíritu Santo no dio nunca más explicaciones. No obstante, el trigo creció, verdegueó, encañó, granó y se secó, sin que el tío Tadeo se resintiera de su buena salud y cuando llegó la hora de segar y el tío Tadeo cargó la pluma con los haces, no faltaba al pie de la Mesa de los Muertos ni el Pechines, el sacristán. y resultó que las espigas del tío Tadeo eran dobles que las de las tierras bajas, y al año siguiente volvió a sembrar y volvió a recoger espigas como puños, y al siguiente, y al otro, y al otro, y esto que puede ser normal en otro país, es cosa rara en nuestra comarca que es tierra de año y vez[1], y al sembrado, como ya es sabido, sucede el barbecho por aquello de que la tierra tiene también sus exigencias y de cuando en cuando tiene que descansar.

---

[1] Se siembra un año sí y otro no.

17
EL REGRESO

De allá yo regresé a Madrid en un avión de la SAS, de Madrid a la capital en el Taf, y ya en la capital me advirtieron que desde hacía veinte años había coche de línea a Molacegos y, por lo tanto, no tenía necesidad de llegarme, como antaño, a Pozal de la Culebra. Y parece que no, pero de este modo se ahorra uno dos kilómetros en el coche de San Fernando[1]. Y así que me vi en Molacegos del Trigo, me topé de manos a boca[2] con el Aniano, el Cosario, y de que el Aniano me puso la vista encima me dijo: «¿Dónde va el Estudiante?». Y yo le dije: «De regreso. Al pueblo». Y él me dijo: «¿Por tiempo?». Y yo le dije: «Ni lo sé». Y él me dijo entonces: «Ya la echaste larga»[3]. Y yo le dije: «Pchs, cuarenta y ocho años». Y él añadió con su servicial docilidad: «Voy a la capital. ¿Te se ofrece algo?». Y yo le dije: «Gracias, Aniano». Y luego, tan

---

[1] Expresión coloquial con significado de caminar («en el coche de San Fernando, un rato a pie y otro andando»).

[2] De pronto.

[3] Ya has pasado mucho tiempo.

pronto cogí el camino, me entró un raro temblor, porque
el camino de Molacegos, aunque angosto, estaba regado de
asfalto y por un momento me temí que todo por lo que yo
había afanado allá se lo hubiera llevado el viento. Y así que
pareé mi paso al de un mozo que iba en mi misma dirección
le dije casi sin voz: «¿Qué? ¿Llegaron las máquinas?». Él me
miró con desconfianza y me dijo: «¿Qué máquinas?». Yo me
ofusqué un tanto y le dije: «¡Qué sé yo! La cosechadora, el
tractor, el arado de discos…». El mozo rió secamente y me
dijo: «Para mercarse un trasto[4] de esos habría que vender
todo el término». Y así que doblamos el recodo vi ascender
por la trocha sur del páramo de Lahoces un hombre con una
huebra y todo tenía el mismo carácter bíblico de entonces y
fui y le dije: «¿No será aquel que sube Hernando Hernando,
el de la cantina?». Y él me dijo: «Su nieto es; el Norberto». Y
cuando llegué al pueblo advertí que sólo los hombres habían
mudado pero lo esencial permanecía y si Ponciano era el hijo
de Ponciano, y Tadeo el hijo del tío Tadeo, y el Antonio el
nieto del Antonio, el arroyo Moradillo continuaba discu-
rriendo por el mismo cauce entre carrizos y espadañas, y en
el atajo de la Viuda no eché en falta ni una sola revuelta, y
también estaban allí, firmes contra el tiempo, los tres almendros del Ponciano, y los tres almendros del Olimpio, y el
chopo del Elicio, y el palomar de la tía Zenona, y el Cerro
Fortuna, y el soto de los Encapuchados, y la Pimpollada, y las
Piedras Negras, y la Lanzadera por donde bajaban en agosto
los perdigones a los rastrojos, y la nogala de la tía Bibiana, y

---

[4] Para conseguir una máquina así.

los Enamorados, y la Fuente de la Salud, y el Cerro Pintao, y los Siete Sacramentos, y el Otero del Cristo, y la Cruz de la Sisinia, y el majuelo del tío Saturio, donde encamaba el matacán, y la Mesa de los Muertos. Todo estaba tal y como lo dejé, con el polvillo de la última trilla agarrado aún a los muros de adobe de las casas y a las bardas de los corrales.

Y ya, en casa, las Mellizas dormían juntas en la vieja cama de hierro, y ambas tenían ya el cabello blanco, pero la Clara, que sólo dormía con un ojo, seguía mirándome con el otro, inexpresivo, patéticamente azul. Y al besarlas en la frente se la despertó a la Clara el otro ojo y se cubrió instintivamente el escote con el embozo y me dijo: «¿Quién es usted?». Y yo la sonreí y la dije: «¿Es que no me conoces? El Isidoro». Ella me midió de arriba abajo y, al fin, me dijo: «Estás más viejo». Y yo la dije: «Tú estás más crecida». Y como si nos hubiéramos puesto de acuerdo, los dos rompimos a reír.

La mortaja

LA MORTAJA

El valle, en rigor, no era tal valle sino una polvorienta cuenca delimitada por unos tesos blancos e inhóspitos. El valle, en rigor, no daba sino dos estaciones: invierno y verano y ambas eran extremosas, agrias, casi despiadadas. Al finalizar mayo comenzaba a descender de los cerros de greda un calor denso y enervante, como una lenta invasión de lava, que en pocas semanas absorbía las últimas humedades del invierno. El lecho de la cuenca, entonces, empezaba a cuartearse por falta de agua y el río se encogía sobre sí mismo y su caudal pasaba en pocos días de una opacidad lora y espesa a una verdosidad de botella casi transparente. El trigo, fustigado por el sol, espigaba y maduraba apenas granado y a primeros de junio la cuenca únicamente conservaba dos notas verdes: la enmarañada fronda de las riberas del río y el emparrado que sombreaba la mayor de las tres edificaciones que se levantaban próximas a la corriente. El resto de la cuenca asumía una agónica amarillez de desierto. Era el calor y bajo él se hacía la siembra de los melonares, se segaba el trigo, y la codorniz, que había llegado con los últimos fríos de la Baja Extremadura, abandonaba los nidos y buscaba el frescor en las altas pajas de los ribazos. La cuenca parecía emanar un aliento fumoso, hecho de insignificantes partículas de greda y de polvillo de trigo. Y en invierno y verano, la casa grande, flanqueada por el emparrado, emitía un «bom-bom» acompasado, casi siniestro, que era como el latido de un enorme corazón.

El niño jugaba en el camino, junto a la casa blanca, bajo el sol, y sobre los trigales, a su derecha, el cernícalo aleteaba sin avanzar, como si flotase en el aire, cazando insectos. La tarde cubría la cuenca compasivamente y el hombre que venía de la falda de los cerros, con la vieja chaqueta desmayada sobre los hombros, pasó por su lado, sin mirarle, empujó con el pie la puerta de la casa y casi a ciegas se desnudó y se desplomó en el lecho sin abrirlo. Al momento, casi sin transición, empezó a roncar arrítmicamente.

El Senderines, el niño, le siguió con los ojos hasta perderle en el oscuro agujero de la puerta; al cabo reanudó sus juegos.

Hubo un tiempo en que al niño le descorazonaba que sus amigos dijeran de su padre que tenía nombre de mujer; le humillaba que dijeran eso de su padre, tan fornido y poderoso. Años antes, cuando sus relaciones no se habían enfriado del todo, el Senderines le preguntó si Trinidad era, en efecto, nombre de mujer. Su padre había respondido:

—Las cosas son según las tomes. Trinidad son tres dioses y no tres diosas, ¿comprendes? De todos modos mis amigos me llaman Trino para evitar confusiones.

El Senderines, el niño, se lo dijo así a Canor. Andaban entonces reparando la carretera y solían sentarse al caer la tarde sobre los bidones de alquitrán amontonados en las cunetas. Más tarde, Canor abandonó la Central y se marchó a vivir al pueblo a casa de unos parientes. Sólo venía por la Central durante las Navidades.

Canor, en aquella ocasión, se las mantuvo tiesas[1] e insistió que Trinidad era nombre de mujer como todos los nombres que terminaban en «dad» y que no conocía un solo nombre que terminara en «dad» y fuera nombre de hombre. No transigió, sin embargo:

—Bueno —dijo, apurando sus razones—. No hay mujer que pese más de cien kilos, me parece a mí. Mi padre pesa más de cien kilos.

Todavía no se bañaban las tardes de verano en la gran balsa que formaba el río, junto a la Central, porque ni uno ni otro sabían sostenerse sobre el agua. Ni osaban pasar sobre el muro de cemento al otro lado del río porque una vez que el Senderines lo intentó sus pies resbalaron en el verdín y sufrió una descalabradura. Tampoco el río encerraba por aquel tiempo alevines de carpa ni lucios porque aún no los habían traído de Aranjuez[2]. El río sólo daba por entonces barbos espinosos y alguna tenca, y Ovi, la mujer de Goyo, aseguraba que tenían un asqueroso gusto a cieno. A pesar de ello, Goyo dejaba pasar las horas sentado sobre la presa, con la caña muerta en los dedos, o buscando pacientemente ovas o gusanos para encamar el anzuelo. Canor y el Senderines solían sentarse a su lado y le observaban en silencio. A

---

[1] Insistió en su opinión.

[2] Población de la provincia de Madrid, donde había una importante piscifactoría del organismo oficial dedicado a regular y controlar caza y pesca, el Servicio de Pesca Continental, Caza y Parques Naturales. Hubo muchas iniciativas de introducción de especies en distintos lugares de la Península, como la narrada más adelante en la historia.

veces el hilo se tensaba, la punta de la caña descendía hacía
el río y entonces Goyo perdía el color e iniciaba una serie de
movimientos precipitados y torpes. El barbo luchaba por su
libertad pero Goyo tenía previstas alevosamente cada una
de sus reacciones. Al fin, el pez terminaba por reposar su
fatiga sobre el muro y Canor y el Senderines le hurgaban
cruelmente en los ojos y la boca con unos juncos hasta que
le veían morir.

Más tarde los prohombres de la reproducción piscícola,
aportaron al río alevines de carpa y pequeños lucios. Llegaron tres camiones de Aranjuez cargados de perolas con la
recría, y allí la arrojaron a la corriente para que se multipli-
casen. Ahora Goyo decía que los lucios eran voraces como
tiburones y que a una lavandera de su pueblo uno de ellos
le arrancó un brazo hasta el codo de una sola dentellada.
El Senderines le había oído contar varias veces la misma
historia y mentalmente decidió no volver a bañarse sobre
la quieta balsa de la represa. Mas una tarde pensó que los
camiones de Aranjuez volcaron su carga sobre la parte baja
de la represa y bañándose en la balsa no había por qué
temer. Se lo dijo así a Goyo y Goyo abrió mucho los ojos
y la boca, como los peces en la agonía, para explicarle que
los lucios, durante la noche, daban brincos como títeres y
podían salvar alturas de hasta más de siete metros. Dijo
también que algunos de los lucios de Aranjuez estarían ya a
más de veinte kilómetros río arriba porque eran peces muy
viajeros. El Senderines pensó, entonces, que la situación
era grave. Esa noche soñó que se despertaba y al asomarse
a la ventana sobre el río, divisó un ejército de lucios que

saltaban la presa contra corriente: sus cuerpos fosforescían
con un lúgubre tono cárdeno, como de fuego fatuo, a la luz
de la luna. Le dominó un oscuro temor. No le dijo nada a
su padre, sin embargo. A Trinidad le irritaba que mostrase
miedo hacia ninguna cosa.

Cuando muy chico solía decirle:

—No vayas a ser como tu madre que tenía miedo de
los truenos y las abejas. Los hombres no sienten miedo de
nada.

Su madre acababa de morir entonces. El Senderines
tenía una idea confusa de este accidente. Mentalmente le
relacionaba con el piar frenético de los gorriones nuevos
y el zumbido incesante de los tábanos en la tarde. Aún
recordaba que el doctor le había dicho:

—Tienes que comer, muchacho. A los niños flacos les
ocurre lo que a tu madre.

El Senderines era flaco. Desde aquel día le poseyó la
convicción de que estaba destinado a morir joven; le suce-
dería lo mismo que a su madre. En ocasiones, Trinidad
le remangaba pacientemente las mangas de la blusita y le
tanteaba el brazo, por abajo y por arriba:

—¡Bah! ¡Bah! —decía, decepcionado.

Los bracitos del Senderines eran entecos y pálidos.

Trino buscaba en ellos, en vano, el nacimiento de la
fuerza. Desde entonces su padre empezó a despreciarle.
Perdió por él la ardorosa debilidad de los primeros años.
Regresaba de la Central malhumorado y apenas si le dirigía
la palabra. Al comenzar el verano le dijo:

—¿Es que no piensas bañarte más en la balsa, tú?

El Senderines frunció el ceño; se azoró:

—Baja mucha porquería de la fábrica, padre —dijo.

Trino sonrió; antes que sonrisa era la suya una mueca displicente:

—Los lucios se comen a los niños crudos, ¿no es eso?

El Senderines humilló los ojos. Cada vez que su padre se dirigía a él y le miraba de frente le agarraba la sensación de que estaba descubriendo hasta sus pensamientos más recónditos.

La C.E.S.A.[3] montó una fábrica río arriba años atrás. El Senderines sólo había ido allá una vez, la última primavera, y cuando observó cómo la máquina aquélla trituraba entre sus feroces mandíbulas troncos de hasta un metro de diámetro con la misma facilidad que si fuesen barquillos, pensó en los lucios y empezó a temblar. Luego, la C.E.S.A. soltaba los residuos de su digestión en la corriente y se formaban en la superficie unos montoncitos de espuma blanquiazul semejantes a icebergs. Al Senderines no le repugnaban las espumas pero le recordaban la proximidad de los lucios y temía al río. Frecuentemente, el Senderines atrapaba alguno de aquellos icebergs y hundía en ellos sus bracitos desnudos, desde la orilla. La espuma le producía cosquillas en las caras posteriores de los antebrazos y ello le hacía reír. La última Navidad, Canor y él orinaron sobre una de aquellas pellas y se deshizo como si fuese de nieve.

---

[3] Acrónimo de una ficticia empresa eléctrica, por ejemplo, Compañía Eléctrica Sociedad Anónima.

Pero su padre seguía conminándole con los ojos. A veces el Senderines pensaba que la mirada y la corpulencia de Dios serían semejantes a las de su padre.

—La balsa está muy sucia, padre —repitió sin la menor intención de persuadir a Trinidad, sino para que cesase de mirarle.

—Ya. Los lucios andan por debajo esperando atrapar la tierna piernecita de un niño. ¿A que es eso?

Ahora Trinidad acababa de llegar borracho como la mayor parte de los sábados y roncaba desnudo sobre las mantas. Hacía calor y las moscas se posaban sobre sus brazos, sobre su rostro, sobre su pecho reluciente de sudor, mas él no se inmutaba. En el camino, a pocos pasos de la casa, el Senderines manipulaba la arcilla e imprimía al barro las formas más diversas. Le atraía la plasticidad del barro. Al Senderines le atraía todo aquello cuya forma cambiase al menor accidente. La monotonía, la rigidez de las cosas le abrumaba. Le placían las nubes, la maleable ductilidad de la arcilla húmeda, los desperdicios blancos de la C.E.S.A., el trigo molido entre los dientes. Años atrás, llegaron los Reyes Magos desde el pueblo más próximo, montados en borricos, y le dejaron, por una vez, un juguete en la ventana. El Senderines lo destrozó en cuanto lo tuvo entre las manos; él hubiera deseado cambiarlo. Por eso le placía moldear el barro a su capricho, darle una forma e, inmediatamente, destruirla.

Cuando descubrió el yacimiento junto al chorro del abrevadero, Conrado regresaba al pueblo después de su servicio en la Central:

—A tu padre no va a gustarle ese juego, ¿verdad que no?
—dijo.

—No lo sé —dijo el niño cándidamente.

—Los rapaces siempre andáis inventando diabluras.
Cualquier cosa antes que cumplir vuestra obligación.

Y se fue, empujando la bicicleta del sillín, camino arriba.
Nunca la montaba hasta llegar a la carretera. El Senderines
no le hizo caso. Conrado alimentaba unas ideas demasiado
estrechas sobre los deberes de cada uno. A su padre le daba
de lado que él se distrajese de esta o de otra manera. A Trino
lo único que le irritaba era que él fuese débil y que sintiese
miedo de lo oscuro, de los lucios y de la Central. Pero el
Senderines no podía remediarlo.

Cinco años antes su padre le llevó con él para que viera
por dentro la fábrica de luz. Hasta entonces él no había repa-
rado en la mágica transformación. Consideraba la Central,
con su fachada ceñida por la vieja parra, como un elemento
imprescindible de su vida. Tan sólo sabía de ella lo que Conrado le dijo en una ocasión:

—El agua entra por esta reja y dentro la hacemos luz;
es muy sencillo.

Él pensaba que dentro existirían unas enormes tinas y que
Conrado, Goyo y su padre apalearían el agua incansable-
mente hasta que de ella no quedase más que el brillo. Luego
se dedicarían a llenar bombillas con aquel brillo para que,
llegada la noche, los hombres tuvieran luz. Por entonces el
«bom-bom» de la Central le fascinaba. Él creía que aquel
fragor sostenido lo producía su padre y sus compañeros al
romper el agua para extraerle sus cristalinos brillantes. Pero

no era así. Ni su padre, ni Conrado, ni Goyo, amasaban nada dentro de la fábrica. En puridad, ni su padre, ni Goyo, ni Conrado «trabajaban» allí; se limitaban a observar unas agujas, a oprimir unos botones, a mover unas palancas. El «bom-bom» que acompañaba su vida no lo producía, pues, su padre al desentrañar el agua, ni al sacarla lustre; el agua entraba y luego salía tan sucia como entrara. Nadie la tocaba. En lugar de unas tinas rutilantes, el Senderines se encontró con unos torvos cilindros negros adornados de calaveras por todas partes y experimentó un imponente pavor y rompió a llorar. Posteriormente, Conrado le explicó que del agua sólo se aprovechaba la fuerza; que bastaba la fuerza del agua para fabricar la luz. El Senderines no lo comprendía; a él no le parecía que el agua tuviera ninguna fuerza. Si es caso aprovecharía la fuerza de los barbos y de las tencas y de las carpas, que eran los únicos que luchaban desesperadamente cuando Goyo pretendía atraparlos desde la presa. Más adelante, pensó que el negocio de su padre no era un mal negocio porque don Rafael tenía que comprar el trigo para molerlo en su fábrica y el agua del río, en cambio, no costaba dinero. Más adelante aún, se enteró de que el negocio no era de su padre, sino que su padre se limitaba a aprovechar la fuerza del río, mientras el dueño del negocio se limitaba a aprovechar la fuerza de su padre. La organización del mundo se modificaba a los ojos del Senderines; se le ofrecía como una confusa maraña.

A partir de su visita, el «bom-bom» de la Central cesó de agradarle. Durante la noche pensaba que eran las calaveras grabadas sobre los grandes cilindros negros, las que aullaban.

Conrado le había dicho que los cilindros soltaban rayos
como las nubes de verano y que las calaveras querían decir
que quien tocase allí se moriría en un instante y su cuerpo
se volvería negro como el carbón. Al Senderines, la vecindad
de la Central comenzó a obsesionarle. Una tarde, el verano
anterior, la fábrica se detuvo de pronto y entonces se dio
cuenta el niño de que el silencio tenía voz, una voz opaca y
misteriosa que no podía resistirla. Corrió junto a su padre
y entonces advirtió que los hombres de la Central se habían
habituado a hablar a gritos para entenderse; que Conrado,
la Ovi, y su padre, y Goyo, voceaban ya aunque en torno se
alzara el silencio y se sintiese incluso el murmullo del agua
en los sauces de la ribera.

El sol rozó la línea del horizonte y el Senderines dejó el
barro, se puso en pie, y se sacudió formalmente las posaderas.
En la base del cerro que hendía al sol se alzaban las blancas
casitas de los obreros de la C.E.S.A. y en torno a ellas se
elevaba como una niebla de polvillo blanquecino. El niño
contempló un instante el agua de la balsa, repentinamente
oscurecida en contraste con los tesos de greda, aún des-
lumbrantes, en la ribera opuesta. Sobre la superficie del río
flotaban los residuos de la fábrica como espumas de jabón,
y los cínifes empezaban a desperezarse entre las frondas de
la orilla. El Senderines permaneció unos segundos inmóvil
al sentir el zumbido de uno de ellos junto a sí. De pronto se
disparó una palmada en la mejilla y al notar bajo la mano el
minúsculo accidente comprendió que había hecho blanco y
sonrió. Con los dedos índice y pulgar recogió los restos del
insecto y los examinó cumplidamente; no había picado aún;

no tenía sangre. La cabecera de la cama del niño constituía un muestrario de minúsculas manchas rojas. Durante el verano su primera manifestación de vida, cada mañana, consistía en ejecutar a los mosquitos que le habían atacado durante el sueño. Los despachurraba uno a uno, de un seco palmetazo y luego se recreaba contemplando la forma y la extensión de la mancha en la pared y su imaginación recreaba figuras de animales. Jamás le traicionó su fantasía. Del palmetazo siempre salía algo y era aquella para él la más fascinante colección. Las noches húmedas sufría un desencanto. Los mosquitos no abandonaban la fronda del río y en consecuencia, el niño, al despertar paseaba su redonda mirada ávida, inútilmente, por los cuatro lienzos de pared mal encalada.

Se limpió los dedos al pantalón y entró en la casa. Sin una causa aparente, experimentó, de súbito, la misma impresión que el día que los cilindros de la fábrica dejaron repentinamente de funcionar. Presintió que algo fallaba en la penumbra aunque, de momento no acertara a precisar qué. Hizo un esfuerzo para constatar que la Central seguía en marcha y acto seguido se preguntó qué echaba de menos dentro del habitual orden de su mundo. Trinidad dormía sobre el lecho y a la declinante luz del crepúsculo el niño descubrió, una a una, las cosas y las sombras que le eran familiares. Sin embargo, en la estancia aleteaba una fugitiva sombra nueva que el niño no acertaba a identificar. Le pareció que Trinidad estaba despierto, dada su inmovilidad excesiva, y pensó que aguardaba a reconvenirle por algo y el niño, agobiado por la tensión, decidió afrontar directamente su mirada:

—Buenas tardes, padre —dijo, aproximándose a la cabecera del lecho.

Permaneció clavado allí, inmóvil, esperando. Mas Trino no se enteró y el niño parpadeaba titubeante, poseído de una sumisa confusión. Apenas divisaba a su padre, de espaldas a la ventana; su rostro era un indescifrable juego de sombras. Precisaba, no obstante, su gran masa afirmando el peso sobre el jergón. Su desnudez no le turbaba. Trino le dijo dos veranos antes: «Todos los hombres somos iguales». Y, por vez primera, se tumbó desnudo sobre el lecho y al Senderines no le deslumbró sino el oscuro misterio del vello. No dijo nada ni preguntó nada porque intuía que todo aquello, como la misma necesidad de trabajar, era una primaria cuestión de tiempo. Ahora esperaba, como entonces, y aún demoró unos instantes al dar la luz; y lo hizo cuando estuvo persuadido de que su padre no tenía nada que decirle. Pulsó el conmutador y al hacerse la claridad en la estancia bajó la noche a la ventana. Entonces se volvió y distinguió la mirada queda y mecánica del padre; sus ojos desorbitados y vidriosos. Estaba inmóvil como una fotografía. De la boca, crispada patéticamente, escurría un hilillo de baba, junto al que reposaban dos moscas. Otra inspeccionaba confiadamente los orificios de su nariz. El Senderines supo que su padre estaba muerto, porque no había estornudado. Torpe, mecánicamente fue reculando hasta sentir en el trasero el golpe de la puerta. Entonces volvió a la realidad. Permaneció inmóvil, indeciso, mirando sin pestañear el cadáver desnudo. A poco retornó lentamente sobre sus pasos, levantó la mano y espantó las moscas, poniendo cuidado en no tocar a su padre. Una de las moscas tornó sobre el cadáver y el niño la volvió a espantar. Percibía con agobiadora insistencia el latido de la Central y era como una paradoja aquel latido sobre un cuerpo muerto. Al Senderines le suponía un notable esfuerzo pensar; prácticamente se agotaba pensando en la perentoria necesidad de pensar. No quería sentir miedo, ni sorpresa. Permaneció unos minutos agarrado a los pies de hierro de la cama, escuchando su propia respiración. Trino siempre aborreció que él tuviese miedo y aun cuando en la vida jamás se esforzó el Senderines en complacerle, ahora lo deseaba porque era lo último que podía darle. Por primera vez en la vida, el niño se sentía ante una responsabilidad y se esforzaba en ver en aquellos ojos enloquecidos, en la boca pavorosamente inmóvil, los rasgos familiares. De súbito, entre las pajas del borde del camino empezó a cantar un grillo cebollero y el niño se sobresaltó, aunque el canto de los cebolleros de ordinario le agradaba. Descubrió al pie del lecho las ropas del padre y con la visión le asaltó el deseo apremiante de vestirle. Se agachó junto a la ropa y su calor le estremeció. Los calcetines estaban húmedos y agujereados, conservaban aún la huella de un pie vivo, pero el niño se aproximó al cadáver, con los ojos levemente espantados, y desmanotadamente se los puso. Ahora sentía en el pecho los duros golpes del corazón, lo mismo que cuando tenía calentura. El Senderines evitaba pasar la mirada por el cuerpo desnudo. Acababa de descubrir que metiéndose de un golpe[4] en el miedo, cerrando los ojos y apretando la boca, el miedo huía como un perro acobardado.

---

[4] Con decisión, sin pensarlo más.

Vaciló entre ponerle o no los calzoncillos, cuya finalidad le parecía inútil, y al fin se decidió por prescindir de ellos porque nadie iba a advertirlo. Tomó los viejos y parcheados pantalones de dril e intentó levantar la pierna derecha de Trinidad, sin conseguirlo. Depositó, entonces, los pantalones al borde de la cama y tiró de la pierna muerta hacia arriba con las dos manos, mas cuando soltó una de ellas para aproximar aquéllos, el peso le venció y la pierna se desplomó sobre el lecho, pesadamente. A la puerta de la casa, dominando el sordo bramido de la Central, cantaba enojosamente el grillo. De los trigales llegaba amortiguado el golpeteo casi mecánico de una codorniz. Eran los ruidos de cada noche y el Senderines, a pesar de su circunstancia, no podía darles una interpretación distinta. El niño empezó a sudar. Había olvidado el significado de sus movimientos y sólo reparaba en la resistencia física que se oponía a su quehacer. Se volvió de espaldas al cadáver, con la pierna del padre prendida por el tobillo y de un solo esfuerzo consiguió montarla sobre su hombro derecho. Entonces, cómodamente, introdujo el pie por la pernera y repitió la operación con la otra pierna. El Senderines sonreía ahora, a pesar de que el sudor empapaba su blusa y los rufos cabellos se le adherían obstinadamente a la frente. Ya no experimentaba temor alguno, si es caso el temor de tropezar con un obstáculo irreductible. Recordó súbitamente, cómo, de muy niño, apremiaba a su padre para que le explicase la razón de llamarle Senderines. Trino aún no había perdido su confianza en él. Le decía:

—Siempre vas buscando las veredas como los conejos; eres lo mismo que un conejo.

Ahora que el Senderines intuía su abandono lamentó no haberle preguntado cuando aún era tiempo su verdadero nombre. Él no podría marchar por el mundo sin un nombre cristiano, aunque en realidad ignorase qué clase de mundo se abría tras el teso pelado que albergaba a los obreros de la C.E.S.A. La carretera se perdía allí y él había oído decir que la carretera conducía a la ciudad. Una vez le preguntó a Conrado qué había detrás del teso y Conrado dijo:

—Mejor es que no lo sepas nunca. Detrás está el pecado.

El Senderines acudió a Canor durante las Navidades. Canor le dijo abriendo desmesuradamente los ojos:

—Están las luces y los automóviles y más hombres que cañas en ese rastrojo.

Senderines no se dio por satisfecho:

—¿Y qué es el pecado? —demandó con impaciencia.

Canor se santiguó. Agregó confidencialmente:

—El maestro dice que el pecado son las mujeres.

El Senderines se imaginó a las mujeres de la ciudad vestidas de luto y con una calavera amarilla prendida sobre cada pecho. A partir de entonces, la proximidad de la Ovi, con sus brazos deformes y sus párpados rojos, le sobrecogía.

Había conseguido levantar los pantalones hasta los muslos velludos de Trino y ahí se detuvo. Jadeaba. Tenía los deditos horizontalmente cruzados de líneas rojas, como los muslos cuando se sentaba demasiado tiempo sobre las costuras del pantalón. Su padre le parecía de pronto un extraño. Su padre se murió el día que le mostró la fábrica y él rompió a llorar al ver las turbinas negras y las calaveras. Pero esto era lo que quedaba de él y había que cubrirlo. Él debía a su padre la libertad, ya que todos los padres que él conocía habían truncado la libertad de sus hijos enviándolos al taller o a la escuela. El suyo no le privó de su libertad y el Senderines no indagaba los motivos: agradecía a su padre el hecho en sí.

Intentó levantar el cadáver por la cintura, en vano. La codorniz cantaba ahora más cerca. El Senderines se limpió el sudor de la frente con la bocamanga. Hizo otro intento. «Cagüen»[5], murmuró. De súbito se sentía impotente; presentía que había alcanzado el tope de sus posibilidades. Jamás lograría colocar los pantalones en su sitio. Instintivamente posó la mirada en el rostro del padre y vio en sus ojos todo el espanto de la muerte. El niño, por primera vez en la noche, experimentó unos atropellados deseos de llorar. «Algo le hace daño en alguna parte», pensó. Pero no lloró por no aumentar su daño, aunque le empujaba a hacerla la consciencia de que no podía aliviarlo. Levantó la cabeza y volvió los ojos atemorizados por la pieza. El Senderines reparó en la noche y en su soledad. Del cauce ascendía el rumor fragoroso de la Central acentuando el silencio y el niño se sintió desconcertado. Instintivamente se separó unos metros de la cama; durante largo rato permaneció en pie, impasible, con los escuálidos bracitos desmayados a lo largo del cuerpo. Necesitaba una voz y sin pensarlo más se acercó a la radio y la conectó. Cuando nació en la estancia y se fue agrandando una voz nasal ininteligible, el Senderines clavó sus ojos en los del muerto y todo su cuerpecillo se tensó.

---

[5] Eufemismo inofensivo de las posibles variantes de «me cago en…».

Apagó el receptor porque se le hacía que era su padre quien hablaba de esa extraña manera. Intuyó que iba a gritar y paso a paso fue reculando sin cesar de observar el cadáver. Cuando notó en la espalda el contacto de la puerta suspiró y sin volverse buscó a tientas el pomo y abrió aquélla de par en par.

Salió corriendo a la noche. El cebollero dejó de cantar al sentir sus pisadas en el sendero. Del río ascendía una brisa tibia que enfriaba sus ropas húmedas. Al alcanzar el almorrón el niño se detuvo. Del otro lado del campo de trigo veía brillar la luz de la casa de Goyo. Respiró profundamente. Él le ayudaría y jamás descubriría a nadie que vio desnudo el cuerpo de Trino. El grillo reanudó tímidamente el cri-cri a sus espaldas. Según caminaba, el Senderines descubrió una lucecita entre los yerbajos de la vereda. Se detuvo, se arrodilló en el suelo y apartó las pajas. «Oh, una luciérnaga», se dijo, con una alegría desproporcionada. La tomó delicadamente entre sus dedos y con la otra mano extrajo trabajosamente del bolsillo del pantalón una cajita de betún con la cubierta horadada. Levantó la cubierta con cuidado y la encerró allí. En la linde del trigal tropezó con un montón de piedras. Algunas, las más blancas, casi fosforescían en las tinieblas. Tomó dos y las hizo chocar con fuerza. Las chispas se desprendían con un gozoso y efímero resplandor. La llamada insolente de la codorniz a sus pies, le sobresaltó. El Senderines continuó durante un rato frotando las piedras hasta que le dolieron los brazos de hacerla; sólo entonces se llegó a la casa de Goyo y llamó con el pie.

La Ovi se sorprendió de verle.

—¿Qué pintas[6] tú aquí a estas horas? —dijo—. Me has asustado.

El Senderines, en el umbral, con una piedra en cada mano, no sabía qué responder. Vio desplazarse a Goyo al fondo de la habitación, desenmarañando un sedal:

—¿Ocurre algo? —voceó desde dentro.

Al Senderines le volvió inmediatamente la lucidez. Dijo:

—¿Es que vas a pescar lucios mañana?

—Bueno —gruñó Goyo aproximándose—. No te habrá mandado tu padre a estas horas a preguntarme si voy a pescar mañana o no, ¿verdad?

Al Senderines se le quebró la sonrisa en los labios.

Denegó con la cabeza, obstinadamente. Balbució al fin:

—Mi padre ha muerto.

La Ovi, que sujetaba la puerta, se llevó ambas manos a los labios:

—¡Ave María! ¿Qué dices? —dijo—. Había palidecido.

Dijo Goyo:

—Anda, pasa y no digas disparates. ¿Qué esperas ahí a la puerta con una piedra en cada mano? ¿Dónde llevas esas piedras? ¿Estás tonto?

El Senderines se volvió y arrojó los guijarros a lo oscuro, hacia la linde del trigal, donde la codorniz cantaba. Luego franqueó la puerta y contó lo que había pasado. Goyo estalló; hablaba a voces con su mujer, con la misma tranquilidad que si el Senderines no existiese:

---

[6] ¿Qué haces?

—Ha reventado, eso. ¿Para qué crees que tenemos la cabeza sobre los hombros? Bueno, pues a Trino le sobraba. Esta tarde disputó con Baudilio sobre quién de los dos comía más. Pagó Baudilio, claro. Y ¿sabes qué se comió el Trino? Dos docenas de huevos para empezar; luego se zampó un cochinillo y hasta royó los huesos y todo. Yo le decía: «Para ya». Y ¿sabes que me contestó? Me dice: «Tú a esconder, marrano». Se había metido ya dos litros de vino y no sabía lo que se hacía. Y es lo que yo me digo, si no saben beber es mejor que no lo hagan, le está bien empleado[7], ¡eso es todo lo que se me ocurre!

Goyo tenía los ojos enloquecidos, y según hablaba, su voz adquiría unos trémolos extraños. Era distinto a cuando pescaba. En todo caso tenía cara de pez. De repente se volvió al niño, le tomó de la mano y tiró de él brutalmente hacia dentro de la casa. Luego empujó la puerta de un puntapié. Voceó, como si el Senderines fuera culpable de algo:

—Luego me ha dado dos guantadas, ¿sabes? Y eso no se lo perdono yo ni a mi padre, que gloria haya[8]. Si no sabe beber que no beba. Al fin y al cabo yo no quería jugar y él me obligó a hacerlo. Y si le había ganado la apuesta a Baudilio, otras veces tendremos que perder, digo yo. La vida es así. Unas veces se gana y otras se pierde. Pero él, no. Y va y me dice: «¿Tienes triunfo?». Y yo le digo que sí, porque era cierto

---

[7] Lo merece.
[8] Expresión formularia cuando se nombra a un difunto, como «Que descanse en paz».

y el Baudilio terció entonces que la lengua en el culo[9] y que
para eso estaban las señas. Pero yo dije que sí y él echó una
brisca y Baudilio sacudió el rey pero yo no tenía para matar
al rey aunque tenía triunfo y ellos se llevaron la baza.

Goyo jadeaba. El sudor le escurría por la piel lo mismo
que cuando luchaba con los barbos desde la presa. Le exal-
taba una irritación creciente a causa de la consciencia de
que Trino estaba muerto y no podía oírle. Por eso voceaba
al Senderines en la confianza de que algo le llegara al otro y
el Senderines le miraba atónito, enervado por una dolorosa
confusión. La Ovi permanecía muda, con las chatas manos
levemente crispadas sobre el respaldo de una silla. Goyo
vociferó:

—Bueno, pues Trino, sin venir a cuento, se levanta y me
planta dos guantadas. Así, sin más; va y me dice: «Toma y
toma, por tu triunfo». Pero yo sí tenía triunfo, lo juro por
mi madre, aunque no pudiera montar al rey, y se lo enseñé
a Baudilio y se puso a reír a lo bobo y yo le dije a Trino que
era un mermado y él se puso a vocear que me iba a pisar los
hígados[10]. Y yo me digo que un hombre como él no tiene
derecho a golpear a nadie que no pese cien kilos, porque es
lo mismo que si pegase a una mujer. Pero estaba cargado
y quería seguir golpeándome y entonces yo me despaché a
mi gusto[11] y me juré por éstas que no volvería a mirarle a la
cara así se muriera. ¿Comprendes ahora?

---

[9] Para pedir que no se hable.
[10] Expresión figurada de amenaza de gran daño físico.
[11] Respondí hasta quedarme satisfecho.

Goyo montó los pulgares en cruz y se los mostró insistentemente al Senderines, pero el Senderines no le comprendía.

—Lo he jurado por éstas[12] —agregó— y yo no puedo ir contigo ahora; ¿sabes? Me he jurado no dar un paso por él y esto es sagrado, ¿comprendes? Todo ha sido tal y como te lo digo.

Hubo un silencio. Al cabo, añadió Goyo, variando de tono:

—Quédate con nosotros hasta que le den tierra mañana. Duerme aquí; por la mañana bajas al pueblo y avisas al cura.

El Senderines denegó con la cabeza:

—Hay que vestirle —dijo—. Está desnudo sobre la cama.

La Ovi volvió a llevarse las manos a la boca:

—¡Ave María! —dijo.

Goyo reflexionaba. Dijo al fin, volviendo a poner en aspa los pulgares:

—¡Tienes que comprenderme! He jurado por éstas no volver a mirarle a la cara y no dar un paso por él. Yo le estimaba, pero él me dio esta tarde dos guantadas sin motivo y ello no se lo perdono yo ni a mi padre. Ya está dicho.

Le volvió la espalda al niño y se dirigió al fondo de la habitación. El Senderines vaciló un momento: «Bueno», dijo. La Ovi salió detrás de él a lo oscuro. De pronto, el Senderines sentía frío. Había pasado mucho calor tratando de vestir a

---

[12] He jurado por estas cruces (la formada por los dedos).

Trino y, sin embargo, ahora, le castañeteaban los dientes. La
Ovi le agarró por un brazo; hablaba nerviosamente:

—Escucha, hijo. Yo no quería dejarte solo esta noche,
pero me asustan los muertos. Esta es la pura verdad. Me
dan miedo las manos y los pies de los muertos. Yo no sirvo
para eso.

Miraba a un lado y a otro empavorecida. Agregó:

—Cuando lo de mi madre tampoco estuve y ya ves, era
mi madre y era en mí una obligación. Luego me alegré porque mi cuñada me dijo que al vestirla después de muerta
todavía se quejaba. ¡Ya ves tú! ¿Tú crees, hijo, que es posible
que se queje un muerto? Con mi tía también salieron luego
con que si la gata estuvo hablando sola tendida a los pies de
la difunta. Cuando hay muertos en las casas suceden cosas
muy raras y a mí me da miedo y sólo pienso en que llegue
la hora del entierro para descansar.

El resplandor de las estrellas caía sobre su rostro espan-
tado y también ella parecía una difunta. El niño no respondió. Del ribazo llegó el golpeteo de la codorniz dominando
el sordo estruendo de la Central.

—¿Qué es eso? —dijo la mujer, electrizada.

—Una codorniz — respondió el niño.

—¿Hace así todas las noches?

—Sí.

—¿Estás seguro?

Ella contemplaba sobrecogida el leve oleaje del trigal.

—Sí.

Sacudió la cabeza:

—¡Ave María! Parece como si cantara aquí mismo; debajo de mi saya.

Y quiso reír, pero su garganta emitió un ronquido inarticulado. Luego se marchó.

El Senderines pensó en Conrado porque se le hacía cada vez más arduo regresar solo al lado de Trino. Vagamente temía que se quejase si él volvía a manipular con sus piernas o que el sarnoso gato de la Central, que miraba talmente como una persona, se hubiera acostado a los pies de la cama y estuviese hablando. Conrado trató de tranquilizarle. Le dijo:

Que los muertos, a veces, conservan aire en el cuerpo y al doblarles por la cintura chillan porque el aire se escapa por arriba o por abajo, pero que, bien mirado, no pueden hacer daño.

Que los gatos en determinadas ocasiones parece ciertamente que en lugar de «miau» dicen «mío», pero te vas a ver y no han dicho más que «miau» y eso sin intención.

Que la noticia le había dejado como sin sangre, esta es la verdad, pero que estaba amarrado al servicio como un perro, puesto que de todo lo que ocurriese en su ausencia era él el único responsable.

Que volviera junto a su padre, se acostara y esperase allí, ya que a las seis de la mañana terminaba su turno y entonces, claro, iría a casa de Trino y le ayudaría.

Cuando el niño se vio de nuevo solo junto a la balsa se arrodilló en la orilla y sumergió sus bracitos desnudos en la corriente. Los residuos de la C.E.S.A. resaltaban en la oscuridad y el Senderines arrancó un junco y trató de atraer

el más próximo. No lo consiguió y, entonces, arrojó el junco
lejos y se sentó en el suelo contrariado. A su derecha, la reja
de la Central absorbía ávidamente el agua, formando unos
tumultuosos remolinos. El resto del río era una superficie
bruñida, inmóvil, que reflejaba los agujeritos luminosos de
las estrellas. Los chopos de las márgenes volcaban una sombra tenue y fantasmal sobre las aguas quietas. El cebollero
y la codorniz apenas se oían ahora, eclipsadas sus voces por
las gárgaras estruendosas de la Central. El Senderines pensó
con pavor en los lucios y, luego, en la necesidad de vestir a
su padre, pero los amigos de su padre o habían dejado de
serlo, o estaban afanados, o sentían miedo de los muertos.
El rostro del niño se iluminó de pronto, extrajo la cajita de
betún del bolsillo y la entreabrió. El gusano brillaba con un
frío resplandor verdiamarillo que reverberaba en la cubierta
plateada. El niño arrancó unas briznas de hierba y las metió
en la caja. «Este bicho tiene que comer —pensó—, si no
se morirá también.» Luego tomó una pajita y la aproximó
a la luz; la retiró inmediatamente y observó el extremo y
no estaba chamuscado y él imaginó que aún era pronto y
volvió a incrustarla en la blanda fosforescencia del animal.
El gusano se retorcía impotente en su prisión. Súbitamente,
el Senderines se incorporó y, a pasos rápidos, se encaminó
a la casa. Sin mirar al lecho con el muerto, se deslizó hasta
la mesilla de noche y una vez allí colocó la luciérnaga sobre
el leve montoncito de yerbas, apagó la luz y se dirigió a
la puerta para estudiar el efecto. La puntita del gusano
rutilaba en las tinieblas y el niño entreabrió los labios en
una semisonrisa. Se sentía más conforme. Luego pensó

que debería cazar tres luciérnagas más para disponer una
en cada esquina de la cama y se complació previendo el
conjunto.

De pronto, oyó cantar abajo, en el río, y olvidó sus proyectos. No tenía noticia de que el Pernales hubiera llegado. El
Pernales bajaba cada verano a la Cascajera a fabricar piedras
para los trillos. No tenía otros útiles que un martillo rudi-
mentario y un pulso matemático para golpear los guijarros
del río. A su golpe éstos se abrían como rajas de sandía y
los bordes de los fragmentos eran agudos como hojas de
afeitar. Canor y él, antaño, gustaban de verle afanar, sin
precipitaciones, con la colilla apagada fija en el labio inferior,
canturreando perezosamente. Las tórtolas cruzaban de vez
en cuando sobre el río como ráfagas; y los peces se arrima-
ban hasta el borde del agua sin recelos porque sabían que el
Pernales era inofensivo.

Durante el invierno, el Pernales desaparecía. Al concluir
la recolección, cualquier mañana, el Pernales ascendía del
cauce con un hatillo en la mano y se marchaba carretera
adelante, hacia los tesos, canturreando. Una vez, Cornado
dijo que le había visto vendiendo confituras en la ciudad, a la
puerta de un cine. Pero Baudilio, el capataz de la C.E.S.A.,
afirmaba que el Pernales pasaba los meses fríos mendigando
de puerta en puerta. No faltaba quien decía que el Pernales
invernaba en el África como las golondrinas. Lo cierto es que
al anunciarse el verano llegaba puntualmente a la Cascajera
y reanudaba el oficio interrumpido ocho meses antes.

El Senderines escuchaba cantar desafinadamente más
abajo de la presa, junto al puente; la voz del Pernales ahu-

yentaba las sombras y los temores y hacía solubles[13] todos los problemas. Cerró la puerta y tomó la vereda del río. Al doblar el recodo divisó la hoguera bajo el puente y al hombre inclinándose sobre el fuego sin cesar de cantar. Ya más próximo distinguió sus facciones rojizas, su barba de ocho días, su desastrada y elemental indumentaria. Sobre el pilar del puente, un cartelón de brea decía: «Se benden[14] pernales para trillos».

El hombre volvió la cara al sentir los pasos del niño:

—Hola —dijo—, entra y siéntate. ¡Vaya cómo has crecido! Ya eres casi un hombre. ¿Quieres un trago?

El niño denegó con la cabeza.

El Pernales empujó el sombrero hacia la nuca y se rascó prolongadamente:

—¿Quieres cantar conmigo? —preguntó—. Yo no canto bien, pero cuando me da la agonía dentro del pecho, me pongo a cantar y sale.

—No —dijo el niño.

—¿Qué quieres entonces? Tu padre el año pasado no necesitaba piedras. ¿Es que del año pasado a éste se ha hecho tu padre un rico terrateniente? Ji, ji, ji.

El niño adoptó una actitud de gravedad.

—Mi padre ha muerto —dijo y permaneció a la expectativa.

El hombre no dijo nada; se quedó unos segundos perplejo, como hipnotizado por el fuego. El niño agregó:

---

[13] Solucionaba.
[14] Falta de ortografía, «Se venden».

—Está desnudo y hay que vestirle antes de dar aviso.

—¡Ahí va! —dijo, entonces, el hombre y volvió a rascarse obstinadamente la cabeza. Le miraba ahora el niño de refilón. Súbitamente dejó de rascarse y añadió:

—La vida es eso. Unos viven para enterrar a los otros que se mueren. Lo malo será para el que muera el último.

Los brincos de las llamas alteraban a intervalos la expresión de su rostro. El Pernales se agachó para arrimar al fuego una brazada de pinocha. De reojo observaba al niño. Dijo:

—El Pernales es un pobre diablo, ya lo sabemos todos. Pero eso no quita para que[15] a cada paso la gente venga aquí y me diga: «Pernales, por favor, échame una mano»[16], como si Pernales no tuviera más que hacer que echarle una mano al vecino. El negocio del Pernales no le importa a nadie: al Pernales, en cambio tienen que importarle los negocios de los demás. Así es la vida.

Sobre el fuego humeaba un puchero y junto al pilar del puente se amontonaban las esquirlas blancas, afiladas como cuchillos. A la derecha, había media docena de latas abolladas y una botella. El Senderines observaba todo esto sin demasiada atención y cuando vio al Pernales empinar el codo intuyó que las cosas terminarían por arreglarse:

—¿Vendrás? —preguntó el niño, al cabo de una pausa, con la voz quebrada.

El Pernales se frotó una mano con la otra en lo alto de las llamas. Sus ojillos se avivaron:

---

[15] Eso no significa que.
[16] Ayúdame.

—¿Qué piensas hacer con la ropa de tu padre? —preguntó como sin interés—. Eso ya no ha de servirle. La ropa les queda a los muertos demasiado holgada: no sé lo que pasa, pero siempre sucede así.

Dijo el Senderines:

—Te daré el traje nuevo de mi padre si me ayudas.

—Bueno, yo no dije tal —agregó el hombre—. De todas formas si yo abandono mi negocio para ayudarte, justo es que me guardes una atención[17], hijo. ¿Y los zapatos? ¿Has pensado que los zapatos de tu padre no te sirven a ti ni para sombrero?

—Sí —dijo el niño—. Te los daré también.

Experimentaba, por primera vez, el raro placer de disponer de un resorte para mover a los hombres. El Pernales podía hablar durante mucho tiempo sin que la colilla se desprendiera de sus labios.

—Está bien —dijo—.

Tomó la botella y la introdujo en el abombado bolsillo de su chaqueta. Luego apagó el fuego con el pie:

—Andando —agregó.

Al llegar al sendero, el viejo se volvió al niño:

—Si invitaras a la boda de tu padre no estarías solo —dijo—. Nunca comí yo tanto chocolate como en la boda de mi madre. Había allí más de cuatro docenas de invitados. Bueno, pues, luego se murió ella y allí nadie me conocía. ¿Sabes por qué, hijo? Pues porque no había chocolate.

---

[17] Me hagas algún regalo, favor.

El niño daba dos pasos por cada zancada del hombre, que andaba bamboleándose como un veterano contramaestre. Carraspeó, hizo como si masticase algo y por último escupió con fuerza. Seguidamente preguntó:

—¿Sabes escupir por el colmillo, hijo?

—No —dijo el niño.

—Has de aprenderlo. Un hombre que sabe escupir por el colmillo ya puede caminar solo por la vida.

El Pernales sonreía siempre. El niño le miraba atónito; se sentía fascinado por los huecos de la boca del otro.

—¿Cómo se escupe por el colmillo? —preguntó, interesado. Comprendía que ahora que estaba solo en el mundo le convenía aprender la técnica del dominio y la sugestión.

El hombre se agachó y abrió la boca y el niño metió la nariz por ella, pero no veía nada y olía mal. El Pernales se irguió:

—Está oscuro aquí, en casa te lo diré.

Mas en la casa dominaba la muda presencia de Trino, inmóvil, sobre la cama. Sus miembros se iban aplomando y su rostro, en tan breve tiempo, había adquirido una tonalidad cérea. El Pernales, al cruzar ante él, se descubrió e hizo un borroso ademán, como si se santiguara.

—¡Ahí va! —dijo—. No parece él; está como más flaco.

Al niño, su padre muerto le parecía un gigante. El Pernales divisó la mancha que había junto al embozo.

—Ha reventado ¿eh?

Dijo el Senderines:

—Decía el doctor que sólo se mueren los flacos.

—¡Vaya! —respondió el hombre—. ¿Eso dijo el doctor?

—Sí —prosiguió el niño.

—Mira —agregó el Pernales—. Los hombres se mueren por no comer o por comer demasiado.

Intentó colocar los pantalones en la cintura del muerto sin conseguirlo. De repente reparó en el montoncito de yerbas con la luciérnaga:

—¿Quién colocó esta porquería ahí? —dijo.

—¡No lo toques!

—¿Fuiste tú?

—Sí.

—¿Y qué pinta eso aquí?

—¡Nada; no lo toques!

El hombre sonrió.

—¡Echa una mano! —dijo—. Tu padre pesa como un camión.

Concentró toda su fuerza en los brazos y por un instante levantó el cuerpo, pero el niño no acertó a coordinar sus movimientos con los del hombre:

—Si estás pensando en tus juegos no adelantaremos nada —gruñó—. Cuando yo levante, echa la ropa hacia arriba, si no no acabaremos nunca.

De pronto, el Pernales reparó en el despertador en la repisa y se fue a él derechamente.

—¡Dios! —exclamó—. ¡Ya lo creo que es bonito el despertador! ¿Sabes, hijo, que yo siempre quise tener un despertador igualito a éste?

Le puso a sonar y su sonrisa desdentada se distendía conforme el timbre elevaba su estridencia. Se rascó la cabeza.

—Me gusta —dijo—. Me gusta por vivir[18].

El niño se impacientaba. La desnudez del cuerpo de Trinidad, su palidez de cera, le provocaban el vómito. Dijo:

— Te daré también el despertador si me ayudas a vestirle.

—No se trata de eso ahora, hijo —se apresuró el Pernales—. Claro que yo no voy a quitarte la voluntad si tienes el capricho de obsequiarme, pero yo no te he pedido nada, porque el Pernales si mueve una mano no extiende la otra para que le recompensen. Cuando el interés mueve a los hombres, el mundo marcha mal; es cosa sabida.

Sus ojillos despedían unas chispitas socarronas. Cantó la codorniz en el trigo y el Pernales se aquietó. Al concluir el ruido y reanudarse el monótono rumor de la Central, guiñó un ojo.

—Éste va a ser un buen año de codornices —dijo—. ¿Sentiste con qué impaciencia llama la tía?

El niño asintió sin palabras y volvió los ojos al cadáver de su padre. Pero el Pernales no se dio por aludido[19].

—¿Dónde está el traje y los zapatos que me vas a regalar? —preguntó.

El Senderines le llevó al armario.

—Mira —dijo.

El hombre palpaba la superficie de la tela con sensual delectación.

---

[18] Muchísimo.
[19] Actuó como si no se hubiera dado cuenta.

—¡Vaya, si es un terno de una vez[20]! —dijo—. Listado y color chocolate como a mí me gustan. Con él puesto no me va a conocer ni mi madre.

Sonreía. Agregó:

—La Paula, allá arriba, se va a quedar de una pieza[21] cuando me vea. Es estirada como una marquesa, hijo. Yo la digo: «Paula, muchacha, ¿dónde te pondremos que no te cague la mosca?»[22]. Y ella se enfada. Ji, ji, ji.

El Pernales se descalzó la vieja sandalia e introdujo su pie descalzo en uno de los zapatos.

—Me bailan[23], hijo. Tú puedes comprobarlo —sus facciones, bajo la barba, adoptaron una actitud entre preocupada y perpleja—: ¿Qué podemos hacer?

El niño reflexionó un momento.

—Ahí tiene que haber unos calcetines de listas amarillas —dijo al cabo—. Con ellos puestos te vendrán los zapatos más justos.

—Probaremos —dijo el viejo.

Sacó los calcetines de listas amarillas del fondo de un cajón y se vistió uno. En la punta se le formaba una bolsa vacía.

—Me están que ni pintados[24], hijo.

---

[20] Un traje muy elegante.

[21] Sorprenderse mucho.

[22] Aludiendo a la dificultad de encontrar un lugar para que no le suceda nada que le moleste.

[23] Me quedan grandes.

[24] Para enfatizar lo bien que le quedan.

Sonreía. Se calzó el zapato y se lo abrochó; luego estiró la pierna y se contempló con una pícara expresión de complacencia. Parecía una estatua con un pedestal desproporcionado.

—¿Crees tú que Paula querrá bailar conmigo, ahora, hijo?

A sus espaldas, Trino esperaba pacientemente, resignadamente, que cubriera su desnudez. Al Senderines empezaba a pesarle el sueño sobre las cejas. Se esforzaba en mantener los ojos abiertos y, a cada intento, experimentaba la sensación de que los globos oculares se dilataban y oprimían irresistiblemente los huecos de sus cuencas. La inmovilidad de Trino, el zumbido de la Central, la voz del Pernales, el golpeteo de la codorniz, eran incitaciones casi invencibles al sueño. Mas él sabía que era preciso conservarse despierto, siquiera hasta que el cuerpo de su padre estuviera vestido.

El Pernales se había calzado el otro pie y se movía ahora con el equilibrio inestable de quien por primera vez calza zuecos. De vez en cuando, la confortabilidad inusitada de sus extremidades tiraba de sus pupilas y él entonces cedía, bajaba los ojos, y se recreaba en el milagro, con un asomo de vanidosa complacencia. Advirtió, súbitamente, la impaciencia del pequeño, se rascó la cabeza y dijo:

—¡Vaaaya! A trabajar. No me distraigas, hijo.

Se aproximó al cadáver e introdujo las dos manos bajo la cintura. Advirtió:

—Estate atento y tira del pantalón hacia arriba cuando yo le levante.

Pero no lo logró hasta el tercer intento. El sudor le cho-
rreaba por las sienes. Luego, cuando abotonaba el pantalón,
dijo, como para sí:

—Es la primera vez que hago esto con otro hombre.

El Senderines sonrió hondo. Oyó la voz del Pernales.

—No querrás que le pongamos la camisa nueva, ¿verdad,
hijo? Digo yo que de esa camisa te sacan dos para ti y aún
te sobra tela para remendarla.

Regresó del armario con la camisa que Trino reservaba
para los domingos. Agregó confidencialmente:

—Por más que si te descuidas te cuesta más eso que si te
las haces nuevas.

Superpuso la camisa a sus harapos y miró de frente al
niño. Le guiñó un ojo y sonrió.

—Eh, ¿qué tal? —dijo.

El niño quería dormir, pero no quería quedarse solo con
el muerto.

Añadió el Pernales:

—Salgo yo a la calle con esta camisa y la gente se piensa
que soy un ladrón. Sin embargo, me arriesgaría con gusto
si supiera que la Paula va a aceptar un baile conmigo por
razón de esta camisa. Y yo digo: ¿Para qué vas a malgastar
en un muerto una ropa nueva cuando hay un vivo que la
puede aprovechar?

—Para ti —dijo el niño a quien la noche pesaba ya demasiado sobre las cejas.

—Bueno, hijo, no te digo que no, porque este saco de
poco te puede servir a ti, si no es para sacarle lustre a los
zapatos.

Depositó la camisa flamante sobre una silla, tomó la vieja y sudada de la que Trino acababa de despojarse, introdujo su brazo bajo los sobacos del cadáver y le incorporó:

—Así —dijo—. Métele el brazo por esa manga…, eso es.

La falta de flexibilidad de los miembros de Trino exasperaba al niño. Él esperaba algo que no se produjo:

—No ha dicho nada —dijo, al concluir la operación con cierto desencanto.

El Pernales volvió a él sus ojos asombrados:

—¿Quién?

—El padre.

—¿Qué querías que dijese?

—La Ovi dice que los muertos hablan y a veces hablan los gatos que están junto a los muertos.

—¡Ah, ya! —dijo el Pernales.

Cuando concluyó de vestir al muerto, destapó la botella y echó un largo trago. A continuación la guardó en un bolsillo, el despertador en el otro y colocó cuidadosamente el traje y la camisa en el antebrazo. Permaneció unos segundos a los pies de la cama, observando el cadáver.

—Digo —dijo de pronto— que este hombre tiene los ojos y la boca tan abiertos como si hubiera visto al diablo. ¿No probaste de cerrárselos?

—No —dijo el niño.

El Pernales vaciló y, finalmente, depositó las ropas sobre una silla y se acercó al cadáver. Mantuvo un instante los dedos sobre los párpados inmóviles y cuando los retiró, Trinidad descansaba. Seguidamente le anudó un pañuelo en la nuca, pasándosele bajo la barbilla. Dijo, al concluir:

—Mañana, cuando bajes a dar aviso, se lo puedes quitar.

El Senderines se erizó.

—¿Es que te marchas? —inquirió anhelante.

—¡Qué hacer! Mi negocio está allá abajo, hijo, no lo olvides.

El niño se despabiló de pronto:

—¿Qué hora es?

El Pernales extrajo el despertador del bolsillo.

—Esto tiene las dos: puede que vaya adelantado.

—Hasta las seis no subirá Conrado de la Central —exclamó el niño—. ¿Es que no puedes aguardar conmigo hasta esa hora?

—¡Las seis! Hijo, ¿qué piensas entonces que haga de lo mío?

El Senderines se sentía desolado. Recorrió con la mirada toda la pieza. Dijo, de súbito, desbordado:

—Quédate y te daré… te daré —se dirigió al armario— esta corbata y estos calzoncillos y este chaleco y la pelliza, y… y…

Arrojó todo al suelo, en informe amasijo. El miedo le atenazaba. Echó a correr hacia el rincón.

—…Y el aparato de radio —exclamó.

Levantó hacia el Pernales sus pupilas humedecidas.

—Pernales, si te quedas te daré también el aparato de radio —repitió triunfalmente.

El Pernales dio unos pasos ronceros por la habitación.

—El caso es —dijo— que más pierdo yo por hacerte caso.

Mas cuando le vio sentado, el Senderines le dirigió una sonrisa agradecida. Ahora empezaban a marchar bien las cosas. Conrado llegaría a las seis y la luz del sol no se marcharía ya hasta catorce horas más tarde. Se sentó, a su vez, en un taburete, se acodó en el jergón y apoyó la barbilla en las palmas de las manos. Volvía a ganarle un enervamiento reconfortante. Permaneció unos minutos mirando al Pernales en silencio. El «bom-bom» de la Central ascendía pesadamente del cauce del río.

Dijo el niño, de pronto:

—Pernales, ¿cómo te las arreglas para escupir por el colmillo? Ésa es una cosa que yo quisiera aprender.

El Pernales sacó pausadamente la botella del bolsillo y bebió; bebió de largo como si no oyera al niño; como si el niño no existiese. Al concluir, la cerró con parsimonia y volvió a guardarla. Finalmente, dijo:

—Yo aprendí a escupir por el colmillo, hijo, cuando me di cuenta que en el mundo hay mucha mala gente y que con la mala gente si te lías a trompazos[25] te encierran y si escupes por el colmillo nadie te dice nada. Entonces yo me dije: «Pernales, has de aprender a escupir por el colmillo para poder decir a la mala gente lo que es sin que nadie te ponga la mano encima, ni te encierren». Lo aprendí. Y es bien sencillo, hijo.

---

[25] Si te peleas.

La cabecita del niño empezó a oscilar. Por un momento el niño trató de sobreponerse; abrió desmesuradamente los ojos y preguntó:

—¿Cómo lo haces?

El Pernales abrió un palmo de boca y hablaba como si la tuviera llena de pasta. Con la negra uña de su dedo índice se señalaba los labios. Repitió:

—Es bien sencillo, hijo. Combas la lengua y en el hueco colocas el escupitajo…

El Senderines no podía con sus párpados. La codorniz aturdía ahora. El grillo hacía un cuarto de hora que había cesado de cantar.

—… luego no haces sino presionar contra los dientes y…

El Senderines se dejaba arrullar. La consciencia de compañía había serenado sus nervios. Y también el hecho de que ahora su padre estuviera vestido sobre la cama. Todo lo demás quedaba muy lejos de él. Ni siquiera le preocupaba lo que pudiera encontrar mañana por detrás de los tesos.

—… y el escupitajo escapa por el colmillo por que…

Aún intentó el niño imponerse a la descomedida atracción del sueño, pero terminó por reclinar suavemente la frente sobre el jergón, junto a la pierna del muerto y quedarse dormido. Sus labios dibujaban la iniciación de una sonrisa y en su tersa mejilla había aparecido un hoyuelo diminuto.

Despertó, pero no a los pocos minutos, como pensaba, porque la luz del nuevo día se adentraba ya por la ventana y las alondras cantaban en el camino y el Pernales no estaba allí, sino Conrado. Le descubrió como a través de una niebla,

alto y grave, a los pies del lecho. El niño no tuvo que sonreír
de nuevo, sino que aprovechó la esbozada sonrisa del sueño
para recibir a Conrado.

—Buenos días —dijo.

La luciérnaga ya no brillaba sobre la mesa de noche, ni
el cebollero cantaba, ni cantaba la codorniz, pero el duro,
incansable pulso de la Central, continuaba latiendo abajo,
junto al río. Conrado se había abotonado la camisa blanca
hasta arriba para entrar donde el muerto. El Senderines se
incorporó desplazando el taburete con el pie. Al constatar la
muda presencia de Trino, pavorosamente blanco, pavorosamente petrificado, comprendió que para él no llegaba ya la
nueva luz y cesó repentinamente de sonreír. Dijo:

—Voy a bajar a dar aviso.

Conrado asintió, se sentó en el taburete que el niño acababa de dejar, lo arrimó a la cama, sacó la petaca y se puso
a liar un cigarrillo, aunque le temblaban ligeramente las
manos.

—No tardes —dijo.

LA PARTIDA

LA PARTIDA

Uno

Había sido Miguel Páez durante dieciocho años, y de pronto, en cuarenta y ocho horas, era sólo *Valladolid*[1]. Y en el *Cantabria* le decían *Valladolid* con acento indulgente, como un tierno diminutivo. A él no le ofendía, antes al contrario, le confortaba no sólo el tono, sino la palabra, y la nostalgia de su ciudad que la palabra envolvía. Don Jesús Beardo, el maquinista del *Cantabria,* decía *Valladolid* de otra manera. Aun si recitaba versos, don Jesús Beardo, el maquinista del *Cantabria,* adoptaba una expresión negra y cortada, como el ladrido de un mastín hosco. En cambio, Benito, el contramaestre, veía las cosas de color rosa, y hasta cuando mencionaba la carga —aquella carga que le hacía sudar y blasfemar junto a los cuarteles de la sentina, mientras chirriaba, arriba, el aguilón de la grúa— decía:

---

[1] Al protagonista se le llama por el nombre de la ciudad de la que procede, costumbre habitual en el ejército y donde convergen personas de procedencia diversa. El nombre de la ciudad castellana contrasta con el del navío, *Cantabria*, región marítima aunque, como hemos explicado, en estos años todavía perteneciente a la misma región que Valladolid, llamada «Castilla la Vieja».

«Naranjas, naranjitas; pequeños soles para los hijos de la niebla». Y seguramente Benito, el contramaestre del *Cantabria,*
pensaba en redondo y no en alargado, porque su cuerpo
era redondo, y para él imaginar a Ava Gardner[2] era como
tener a Ava Gardner, y él la vio apearse una vez del avión
7532 de la Air Force, y desde entonces se creía con algún
derecho sobre la muchacha. Él decía: «Las caritas de las
actrices, contra lo que la gente cree, no son sólo potingues.
Ava Gardner sabe sonreír y, sobre todo, sabe mirar. En las
mujeres, el saber mirar es una sabia virtud». A Miguel Páez
le decía ahora *Valladolid* y a *Valladolid* le agradaba oír al
contramaestre llamarle *Valladolid* porque así olvidaba, o se
desentendía de la mugre y la sordidez, y aun de la austeridad,
del *Cantabria.* Escuchando a Benito las cosas tomaban un
amable cariz de fiesta.

Él llegó dos días antes, con sus maletas de cartón a cuestas y su predisposición al asombro. «Yo soy un alumno de
Náutica sin conocimientos prácticos; eso, eso…», se decía.
Luego, durante la cena, se lo confesó al maquinista y el
maquinista gruñó. El capitán era joven para tener el pelo
blanco y, sin embargo, el pelo suyo era desoladamente blanco
y sus maneras lacónicas. Benito, el contramaestre, se echó

---

[2] La actriz estadounidense (1922-1990) tuvo una relación estrecha
con España, iniciada en 1951, durante el rodaje de *Pandora y el holandés
errante.* Tras su divorcio de Frank Sinatra en 1955 se estableció en el
país, movida por su amistad con Ernest Hemingway y su afición por
los ambientes de fiesta y taurinos. Permanecerá hasta 1968, cuando se
traslada a Londres tras numerosos escándalos de diversa índole.

a reír, primero, cuando él, *Valladolid,* al oír las presenta-
ciones del capitán lanzó aturdido su mano al azar, para el
primero que quisiera tomarla. *Valladolid* estaba descentrado
con su carita blanca, imberbe, de escolar de pensión, entre
aquellos rostros atezados por todos los vientos. Más tarde,
cuando pretendió arrimar la banqueta a la mesa, Benito, el
contramaestre, rio por segunda vez y don Jesús Beardo, el
maquinista, le dijo:

—Muchacho, cuando entres en un barco repara que eres
tú lo único que no está amarrado al suelo.

Su ingreso, pues, no fue ni mucho menos unas pascuas.
El revisor, en el tren, le había dicho: «¿Embarcas en Santander? Un bote». «¿Por qué un bote?», inquirió él, que todavía
no era *Valladolid,* con cierto desapego. «Ahí no hay barcos
de calado.» «No hay barcos de calado… No hay barcos de
calado. ¿Pretendo yo darle lecciones a él de lo que pasa en el
tren?», pensó Miguel Páez. Luego resultó que el *Cantabria*
era un bote de 500 toneladas, 35 metros de eslora, 6 de
manga y 6,75 de puntal. Y la arboladura un desecho, tarada
de herrumbre, y él no era Miguel Páez, sino *Valladolid.* Se
arrimó a Benito, que a orilla de la sentina contemplaba la
carga, sudaba y escupía juramentos.

—¿Qué creíste, hijo? ¿Que era el *Queen Mary*[3]? —le dijo
el contramaestre.

—¿Y eso? —indagó él, señalando la carga.

—Naranjas, naranjitas; pequeños soles para los hijos de
la niebla.

---

[3] El famoso crucero, paradigma de buque lujoso y de gran tamaño.

Más tarde juró de nuevo el contramaestre, cuya faena de dril estaba desteñida en los sobacos. En su cuello poderoso, se distinguían tres franjas de color grana y si elevaba los ojos para observar las evoluciones del aguilón de la grúa se hacían más ostensibles. El cuerpo del contramaestre resultaba un poco cómico en su redondez pretenciosa, en su vil adiposidad. *Valladolid,* que aún no era *Valladolid,* sino Miguel Páez, se sintió entristecido y pensó en Marita y, sin poder remediarlo, porque era una necesidad perentoria, se encaramó al espardel y arañó el nombre de la muchacha en la pintura, debajo de un cable. Se hizo la tonta ilusión de que así la chica, en cierto modo, le acompañaba. Bajó más aliviado y ya el aguilón descendía al sollado por última vez y Benito, el contramaestre, dejó de jurar, le tomó por los hombros y le fue diciendo, sin que él le preguntase nada:

—Aquí es la pacotilla, ¿me entiendes? Sin la pacotilla esto no es carrera ni es nada. ¿Dónde estudiaste tú?

—En Barcelona.

—Luego eres catalán. ¡Buen país!

—Soy de Valladolid.

—¡Ejem! Bueno, eso es otra cosa. No es mal país tampoco Valladolid… Sin la pacotilla te podrías dedicar a escardar, yo te lo digo. Es más rentable. ¿Valladolid? Yo pasé por Valladolid en el año nueve. ¡Bonitas chicas o yo soy un perro sarnoso!

Valladolid, que empezaba a ser *Valladolid,* sonrió tímidamente. No se aventuraba a la sonrisa abierta para no dulcificar aún más su rostro. A Marita le decía, tres días antes, tomándole de las manos y sintiéndose fuerte y viril: «Ya ves,

hijita, la mar, la mar… Recorrer el mundo. Es, ésta, una
profesión muy dura». A Marita le temblaba una lágrima en el
ojo derecho. Le dijo, recostando la cabeza sobre su hombro,
que, entonces, podía parecer capaz y sólido: «Cuando nos
casemos me llevarás contigo. No nos separaremos nunca,
¿no es cierto?». «Veremos, veremos…», respondió él dispuesto
a allanar dificultades. Marita tenía dieciséis años y unos
hombros adolescentes y frágiles, y unos acerbos celos del
Cantabria, carga general. Junto a Benito, el contramaestre,
Valladolid se sentía Marita: débil y compungido. Él, *Valladolid,* era audaz lejos de las realidades. En el *Cantabria* era
tímido y se sentía muy poquita cosa. Su padre le dio tres
billetes de cien al despedirse: «Tú sabes que esto no sobra.
Pero aún no ganas y yo he de concluir lo que empecé o no
soy hijo de mi madre». Su padre, naturalmente, sí era hijo
de su madre, concluyera o no lo que había empezado, pero
Valladolid no era, en puridad, hijo de su padre. Su madre,
que sí que era su madre, se casó con su padre en segundas[4],
cuando ya le tenía a él. *Valladolid* no recordaba la boda, ni
recordaba a su madre, pero sí recordaba a su medio hermano
Raulito, que era breve y enclenque como un pájaro en car-
nutas. Cuando murió, le encerraron en un cofrecito blanco
y su padre, «Revisor de la Cía. de FF. CC.[5] del Norte», hizo
asueto aquel día y andaba tras el féretro como borracho y,
por la noche, le dijo a Miguel Páez: «Sólo me quedas tú.
Lo más mío se esfumó». Lo más suyo eran Raulito y su

---

[4]   En segundas nupcias, segundo matrimonio.
[5]   Acrónimo de Compañía de Ferrocarriles.

madre, que también eran lo más suyo, lo más de *Valladolid,* y también se le habían esfumado. Él le dijo: «¡Padre…!», y se atascó, porque allí no cabían las palabras, y el revisor de los Ferrocarriles del Norte añadió: «Sí, hijo, sí; como si lo fuera; para ti, como si lo fuera».

A *Valladolid* le constaba el esfuerzo de su padre y le constaba que no mentía al decirle: «Tú sabes que esto no sobra». Los tres billetes eran una necesidad truncada y *Valladolid* los colocó en el bolso alto de la americana, tal vez para tenerlos más cerca del corazón. Había respondido: «Descuida, padre». Y ahora, abrió el ojo cuando Benito, el contramaestre del *Cantabria,* le dijo:

—Sin el frasco y el naipe, ¿qué sería del marinero en la mar? La mar, muchacho, es un desierto sin arena.

—Bueno, el naipe.

—Esta noche nos hacemos a la mar[6]. Fuera de la ostial, el naipe. ¿Valladolid, dices? ¿No hay en Valladolid un hermoso acueducto?

—Es en Segovia…

—Sí, Segovia… ¿Sabes jugar al póker, *Valladolid*?

—¡Oh, sí!

—¡Magnífico!… De Valladolid, bien mirado, no recuerdo sino las chicas. Un poco esquivas, ¿no es cierto?

—Sí.

—Yo llevaba un uniforme bien cortado, pero ni por ésas. ¿Quieres hacer el cuarto mañana?

—¿El cuarto?

---

[6] Salimos a la mar.

—En mi cabina; al póker.

—¡Ah, bien! De acuerdo —dijo *Valladolid*.

Dos

Caía la noche y de la amura de babor soplaba una brisa muy fina. Los pesqueros se ponían en movimiento y se oía, a lo lejos, una sirena como el quejido de una mujer ebria. Olía a salitre y a algas y las gaviotas sobrevolaban el mar con una atención suspensa. De la parte de Pedreña[1] la superficie se encrespaba y se poblaba de cabrillas blancas. En el muelle, el bolardo parecía un brazo en tensión, cargando con la responsabilidad del *Cantabria*. El bolardo era, ahora, el capitán, y el capitán, cuando *Valladolid* se presentó a él en la diminuta camareta, era, de pronto, un burócrata concienzudo y borracho. Bebió dos vasos de vino mientras anotó sus datos en el Diario de Navegación. El capitán, como los practicantes, olía intensamente a alcohol. En sus palabras y sus movimientos se descubría una premeditada represión. *Valladolid* observaba su cogote rapado y pensó que aquella cabeza, prematuramente blanca, estaba electrizada y que de tocarla le sacudiría un calambre. El capitán del *Cantabria* mordisqueaba la pluma antes de escribir. Sus dedos gran-

---

[1] Población de la provincia de Santander.

des y expeditivos tenían una extraña agilidad. Se volvió al muchacho de pronto:

—No le extrañe —dijo—. En la Escuela fui campeón de dedos.

—¿De dedos?

—¿No luchó nunca con los dedos?

—No.

—También se lucha con los dedos. Y yo era campeón.

Valladolid pensó que estaba borracho. Su sonrisa era juvenil, pero no franca; quedaba como sometida a una condición, como si el capitán del *Cantabria* pensase: «Si no tuviera eso encima de mí, sonreiría del todo». Luego enseñó el barco al alumno y le entregó dos faenas de dril y una gorra de plato. *Valladolid* se sentía orgulloso debajo de ella, pero Benito, el contramaestre del *Cantabria,* dijo, al verle: «*Valladolid,* criatura, pareces el *botones* de la Banca Arteche[2]». Y *Valladolid* pensó en Marita y cuando, a su lado, parecía un hombre ciclópeo. Sonreía, sin embargo, con una limitación predispuesta. «Fuera de Benito, el contramaestre, nadie en este demonio de barco sonríe de verdad», pensaba.

El barco no le gustaba a pesar del concienzudo interés del capitán por enseñárselo. Era sucio y viejo y en las sentinas había ratas. La obra muerta, alterosa y renegrida, no guardaba equilibrio con el casco, y el capitán le dijo que «era un trasto reconstruido». En extraña contradicción con

---

[2]   Familia de importantes industriales y financieros vascos ligados al Banco de Bilbao, uno de los primeros de España, fundado a finales del siglo XIX.

el resto, el puente de mando brillaba como una patena; la rueda del timón, pulcramente barnizada, parecía un objeto de adorno.

—Bueno —dijo *Valladolid*—. ¿Qué velocidad desarrolla?

—Doce millas sin forzar.

—¿Servicio?

—Habitualmente con Plymouth[3].

El muchacho asió el timón y, de súbito, se sintió un hombre importante.

—¿Yo podría llevarlo?

—Un niño puede llevarlo. Es un barco marinero éste y la pista más ancha que el Paseo del Campo Grande[4].

—¿Conoce Valladolid?

—¡Oh, Valladolid! ¿Qué razón existe para que venga al mar un castellano de tierra adentro[5]?

—Eso; el mar.

—¡Vaya!

—Yo siempre deseé lo que no tenía —dijo *Valladolid*.

---

[3] Puerto del suroeste de Inglaterra.

[4] Parque de gran extensión en el centro de Valladolid, de finales del siglo XIX. El Paseo, rectilíneo, atraviesa toda la extensión del parque.

[5] Del interior del país.

Tres

La camareta de Benito, el contramaestre del *Cantabria,* le produjo la misma impresión que el camerino de una *vedette* de pocas pretensiones. Olía a axila sudada y a ropa de cama sin ventilar y era tan sórdido y angosto como el de *Valladolid,* siquiera el contramaestre se las arreglase para imbuirle cierto aire de local de esparcimiento. En ninguno de los mamparos se veía la madera; fotografías de periódicos de todas las actrices de Hollywood se exhibían pegadas allí toscamente, unas conservando el pie y otras, las más, recortadas en silueta. Sobre la cama, entre las estampas frívolas, había un cromo de la Purísima[1] con rostro de modistilla:

—La Virgen está en mi pueblo por encima del alcalde —dijo el contramaestre—. En la fiesta hacemos una hoguera en la plaza y los *carcas* arrojan caramelos a los chicos.

Le había acogido con una sonrisa pletórica, la misma sonrisa con que acogió la noche antes los malos humores de don Jesús Beardo, el maquinista del *Cantabria.*

—Siéntate, *Valladolid.* Tomaremos una copa. Eres el primero, ya lo sabes.

---

[1] La Virgen María.

Se agachó y, tras un desmanotado forcejeo, abrió el candado de la taquilla y sacó una botella. Sonreía. Aún no hacía tres horas que el *Cantabria* navegaba en mar abierta. Cabeceaba suavemente y *Valladolid* notaba una sensación difusa en las plantas de los pies. Nada en concreto, pero prefería estar sentado. La cabina de Benito tenía dos ojos de buey. Él había permanecido una hora larga acodado en la borda contemplando la nada del cielo y el mar. Producía una extraña impresión pensar en Marita en aquellas circunstancias. Ahora deseaba jugar al póker y mirar los naipes del descarte lentamente, uno a uno, exacerbándose la emoción del azar.

—Es una molestia —dijo *Valladolid,* tímidamente. Y miraba, fascinado, los muslos redondos de Sonja Henie, la patinadora[2].

—¡Bah!, molestias, molestias... Para mí echar un trago no significa una molestia, sino exactamente lo contrario: me aclara la cabeza y me abre el apetito. Decía mi padre: «El mucho vino mata, pero un poco menos resucita», ¡ja, ja, ja!

Se sentó frente al muchacho y llenó dos vasos:

— El cura de mi pueblo solía decirme: «Conserva el corazón de un niño y serás un niño aunque tengas pelos bajo la nariz y la cabeza monda como una bola de billar».

—En mi litera hay chinches —dijo *Valladolid* repentinamente disgustado.

---

[2] Famosa patinadora noruega (1912-1969) que inició su carrera cinematográfica en Hollywood a mediados de los años treinta.

—¿Dónde no? Y cucarachas en las taquillas y ratas en las sentinas. ¿Qué imaginaste que era el *Cantabria, Valladolid*? Aprende a llevar el *Cantabria* y podrás llevar mañana el *Queen Mary*. Atiende, muchacho. ¡Mira qué bocas! Mis novias posaron sus labios aquí para que yo las conservase…

Le mostraba un álbum lleno de pequeñas cartulinas blancas, ordenadas de forma simétrica:

—Bueno —dijo el chico, a quien las fotografías de los tabiques perturbaban—: ¿quién es ésa de los muslos, si puede saberse?

El contramaestre del *Cantabria* volvió los ojos con un esfuerzo:

—¡Ah, ja, ja!… —dijo—. ¿No conoces a Elizabeth Taylor, criatura? ¿Pudiste vivir este tiempo sin conocer a esa chica? —volvió sobre su álbum, jactanciosamente—: Cuéntalas, *Valladolid*, hijo —añadió—. Suman ochenta y siete. Ochenta y siete bocas que este menda ha probado. Repara, *Valladolid*, muchacho… Repara en estos labios… Dime, ¿qué dice debajo?

—Dice: «Leonisa Altable. Cádiz[3]. Doce febrero mil novecientos treinta y cuatro-once abril mil novecientos treinta y cuatro».

El contramaestre adoptaba un aire beatífico. Meditó un momento:

—Te soy sincero, *Valladolid;* no recuerdo a esta muchacha y te juro que lo siento. No la recuerdo aunque me esfuerzo en ello.

---

[3] Población y puerto de la costa sur de España.

Valladolid apuró el vaso. Dijo:

—¿No vinimos a jugar al póker?

—Paciencia, hijo. Hemos de esperar —consultó su reloj de muñeca—; la noche es joven.

Valladolid, el muchacho, sentía el prurito de los naipes en las yemas de los dedos. Le agradaba la sensación del azar; no disfrutaba tanto con la jugada como con la expectativa de la jugada. Los tres billetes del padre, del que no era su padre pero como si lo fuese desde que perdió a Raulito, su medio hermano, le calentaban el corazón. *Valladolid* no dudó que los multiplicaría. Para él, sentarse a jugar equivalía a sentarse a ganar. Era, el juego, una actividad retribuida como otra cualquiera. Sin embargo, desconocía la técnica de la nueva mesa. En Barcelona ya sabía que Martí era aficionado al «pase negro»[4] y a farolear cuando los demás pasaban. Climent, por el contrario, se mostraba moderado y corría el riesgo de comerse su jugada[5] en espera de que fuese otro quien iniciara la puesta. *Valladolid* ignoraba la mecánica de los nuevos compañeros.

Benito, el contramaestre, eructó de pronto:

—Perdona, muchacho —dijo—. El viento es un lastre para el marino, créeme.

Sonreía. Retiró el álbum de la mesa. Él estaba sentado sobre la litera y *Valladolid* sobre una redonda banqueta, frente a él.

---

[4] En el póker, reservarse con una buena jugada hasta el final de la mano.

[5] No hacer nada positivo con una buena combinación de cartas.

—Vendrá el maquinista, ¿no es cierto?

— No faltará, hijo.

A *Valladolid* no le gustaba el maquinista y por eso le agradó que viniese. Le placía estrujar a quienes no le eran simpáticos. Al desatracar, seis horas antes, coincidió con él a estribor, mientras el remolcador, fumoso y chillón como un chulo de puerto, arrastraba al *Cantabria* hacia la bocana. *Valladolid* observaba las tensas estachas, el agobiado esfuerzo del barquichuelo:

—Esto es otra cosa —dijo con incipiente entusiasmo—, la mar es otra cosa.

—Esto no es vida. Ni arriba ni abajo es vida —dijo don Jesús Beardo, el maquinista del *Cantabria*.

Se refería a las calderas y al puente, y ni las calderas ni el puente le parecían vida. Tenía un cigarrillo entre los labios y las manos ocultas en los bolsillos.

—Inglaterra —dijo el chico vagamente.

—¿Crees que allí atan los perros con longaniza[6], muchacho?

Su rostro era alargado y funerario, con las mejillas chupadas y las sienes abultadas. Había en su espalda enjuta, y aun en la manera de proteger la colilla contra el viento, un definitivo aire de enterrador. Pero *Valladolid* no sabía que don Jesús Beardo, el maquinista del *Cantabria,* fue, primero, un hijo único y, después, un huérfano único. Ni sabía lo de la lápida. El padre del maquinista se excedió cuando perdió a la mujer, mas entonces la amaba e ignoraba que se

---

[6] Expresión coloquial para expresar gran riqueza.

excedía. Él creyó honradamente que no tardaría en seguirla y por eso grabó en la piedra: «Espérame. Pronto me reuniré contigo». Don Jesús Beardo, el maquinista del *Cantabria*, era entonces un pedazo de carne que se movía, pero no sentía. Cuando empezó a sentir conoció la lápida y advirtió que su padre no tenía prisas por reunirse con la difunta. Al morir su padre, al fin, diecisiete años más tarde, alguien añadió en la lápida, tras la fecha de defunción: «Querido, creí que no venías». Para don Jesús Beardo, el maquinista del *Cantabria*, jovencito sensible y enfermizo, fue aquello un rudo golpe. En todas partes le embromaban y una pequeña novia que tenía, y que apenas le llegaba a la cintura, le dejó plantado acuciada por el recelo de que la informalidad del padre se le contagiara. Entonces empezó para don Jesús Beardo la macabra costumbre de visitar cementerios. Se hizo marino para huir de su ciudad y conocer nuevos cementerios. Le gustaban los cementerios y le agradaba constatar que no fue su padre el único que le hizo a su madre una perrería.

Dijo a *Valladolid*, acodado en la borda, junto a la amura de estribor, en tanto se encendían las luces del puerto:

—Yo pasé por Valladolid en el año quince. ¡Hermosos cipreses!

Hablaba igual que los perros aúllan en la noche, con un matiz de reproche y un filo amenazador.

—En el camposanto de Valladolid tengo yo un medio hermano —dijo *Valladolid*.

—¿Sí?

—Sí. Se llamaba Raulito.

—¿Murió chico?

—Seis años. El padre de él es ahora el padre mío.

—¿Cómo es eso?

Valladolid le explicó. Agregó el maquinista del *Cantabria:*

—¿No hay allí una lápida que dice: «Padres, ¿dónde estáis? ¿Dónde está vuestra virtud? ¿Quién separa la amistad?: Esta piedra y esta cruz»?

—Lo ignoro.

—¿No conoces las lápidas del cementerio de tu ciudad?

Valladolid se atarantó. Don Jesús Beardo parecía un catedrático reconviniéndole.

—No, en efecto —dijo *Valladolid.*

—Malo.

—Malo, ¿qué?

—Tu desinterés.

El capitán asomó por la baranda del puente y voceó una orden a la toldilla con el megáfono. Inmediatamente desapareció.

Valladolid desvió la conversación:

—¿Y él? —inquirió.

—¿Qué, él?

—Es joven y su pelo es blanco.

—Sí.

—¿Y eso?

—La vida le mordió. La mordedura de la vida es como la de un perro rabioso —dijo el maquinista.

A *Valladolid* le acució la curiosidad. Observaba las cejas pobladas y vencidas de don Jesús Beardo y después miró a la mar. Ahora miró a Benito, el contramaestre del *Can-*

tabria, e inmediatamente, por encima de su hombro, miró las pantorrillas de Lana Turner. Todo le asombraba en aquel barco. Era, todo, como una intrigante caja de sorpresas. Se encontraba a gusto entre las muchachas del contramaestre. Dijo Benito:

—Don Jesús Beardo, el maquinista, tiene una amiga que se llama Mari Luz.

Valladolid no sabía lo de la lápida.

—Sí —dijo.

—Quiere que les entierren en tumbas distintas. ¿Qué te parece?

—¿Y el capitán? —inquirió el muchacho.

Entró, de súbito, el capitán y *Valladolid* se sofocó.

—Llueve —dijo el capitán— y hace frío.

La vibración sorda de las máquinas ahogaba cualquier otro ruido del exterior. Se despojó el capitán del impermeable y *Valladolid* le miró las manos con cierta perplejidad. «Es campeón de dedos», se dijo.

—El jefe subirá en seguida —dijo Benito, el contramaestre del *Cantabria*.

En este instante la puerta rodó sobre el engargolado y asomó el rostro funerario del maquinista:

—¡Bah! —dijo—. Allá abajo no se puede respirar. Hace más calor que en el mismísimo infierno.

Cuatro

Miguel Páez, que ya era *Valladolid* y cuando pensaba en Ava Gardner presentía un mundo más complicado y difícil que el suyo propio, colocó dos duros en el centro de la mesa. Había empezado por llevarle cinco a Benito, el contramaestre del *Cantabria,* con una escalera máxima[1]. El maquinista observaba a los contrincantes con el rabillo del ojo. Sus dedos afilados separaban una carta de otra mezquinamente. Ponía avaricia en el manoseo de los naipes; una avaricia puntillosa y sórdida.

—Los veo —dijo—. Y pongo tres más.

Valladolid vaciló. Sentía una advertencia en las entrañas; una rara advertencia que era como un vacío. Tal vez fuera el vacío del primer viaje. Éste era para *Valladolid* como una recopilación de apostura, megáfono y autoridad. Y mar, el endiablado mar infinito absorbiendo la total intensidad de sus pupilas. Ahora, el primer viaje era una angosta cabina y tres hombres viciosos y el presentimiento de Ava Gardner, Elizabeth Taylor y Sonja Henie. Y sus efigies y las efigies de

---

[1] Máxima combinación posible de cartas en orden numérico.

sus muslos. El *Cantabria* cabeceaba. El capitán dijo: «Hay
mar de fondo». Y *Valladolid* no se explicaba por qué la mar
de fondo se acusaba en la superficie. Entró con dos jotas
y dos ases y en el descarte llegó una «Q». Vaciló, de nuevo.

—Van —dijo, al fin.

—Tres ochos.

—Valen.

—¿Qué tienes, *Valladolid?* —preguntó Benito, el contramaestre.

—Figuras, sólo.

Por encima del hombro del contramaestre veía la belleza
obsesionante de Elizabeth Taylor. «Esa mujer debió besar
mucho en la vida», pensó *Valladolid*. También él besó una
vez a Marita en el cinema Roxy[2], viendo *El bailarín pirata*[3],
en technicolor. Lo hizo torpemente, prematuramente, y las-
timó la nariz a la muchacha, que se resistía; y ella le regañó.
Le dejó un regusto desolado el primer beso. Era probable
que el capitán del *Cantabria* hubiera besado más de una vez.
Sus labios eran finos y elásticos y después de beber un vaso se
estiraban con satisfacción. *Valladolid* llevaba la cuenta de los
vasos que bebía el capitán. También le sorprendía su modo

---

[2] Sala de cine de Valladolid, si bien el nombre era, y sigue siendo,
común a muchos otros cines y salones de fiesta.

[3] Película musical de 1936. Fue la primera cinta filmada íntegramente
con la nueva técnica del technicolor y contó en el reparto con los «Dan-
cing Cansinos» el grupo de baile del gitano de origen español afincado
en Nueva York Eduardo Cansino, cuya dudosa fama posterior se debe
a la turbulenta relación con su hija, Margarita Carmen Cansino, más
conocida como Rita Hayworth.

de manejar las cartas con una sola mano, mientras que la otra sostenía el vaso. Para el capitán del *Cantabria* pensar en Ava Gardner era exactamente acentuar la distancia que le separaba de Ava Gardner. Con suma facilidad abría las cartas en abanico, una en cada dedo, tal cual si los dedos fuesen las varillas del abanico:

—Voy —dijo.

—Paso —dijo el maquinista observándole torvamente.

—Voy —dijo *Valladolid,* y no tenía más que una pareja de nueves.

La suerte le volvía la espalda y pidió otro resto de diez duros. Bien pensado, no había prisas. Él dedicaba su atención preferentemente a estudiar a sus compañeros. Observó que si Benito sacaba el pañuelo del bolsillo y se secaba las manos, tenía de escalera para arriba[4]. Al maquinista solía alargársele la cara cuando ligaba. Descubría los naipes con una lentitud agobiante. Por contra, el contramaestre del *Cantabria* jugaba alegremente, aun sin arriesgarse demasiado. Para Benito, el contramaestre, pensar en Ava Gardner era como tener a Ava Gardner, particularmente desde que la viera descender del 7532 de la U. S. Air Force.

—Cinco duros —dijo Benito, y se secó las manos con el pañuelo.

—Veo —dijo el capitán cerrando el abanico.

Valladolid se dijo: «Estoy en un barco de verdad. Es éste mi primer viaje». El capitán del *Cantabria* pensó: «Definitivamente solo». Y recordó a Julia, aquella morenita del

---

[4] Escalera o jugada superior.

cuerpo obsesionante. Julia, la chiquilla, fue su mujer. Ella le
decía: «Quiero viajar, cariño». Él dijo: «Si me caso contigo
te llevaré a América». Julia añadió: «Cásate conmigo». Él la
llevó a Buenos Aires cuando se casaron. En la camareta, que
era mezquina como todas las camaretas, ella le dijo diabluras.
Pero luego, en Buenos Aires, desapareció. Hacía diez años
que Julia desapareció y aún ignoraba el capitán del *Cantabria* por qué clase de hombre le había cambiado. Su mano
se crispó imperceptiblemente sobre la mesa, sujetando los
naipes, y con la otra se llevó el vaso a los labios y bebió. El
maquinista observó la fotografía de Ava Gardner e imaginó
una lápida rodeada de flores en los hermosos jardines de
Hyde Park[5]: «Aquí yace Ava Gardner, la actriz más hermosa
de su época». Tal vez algún insensato, como su padre, la
apremiase a esperar. Pero ya no sería Ava Gardner, sino los
huesecitos de Ava Gardner, bonitos, blancos y proporciona-
dos, los que esperasen. Acababa de decidir que su amiga Mari
Luz se había vuelto respetable y fondona. Ahora, mientras
Valladolid barajaba torpemente, el mar azotaba los costados
del *Cantabria* y el rumor se hacía claramente perceptible. En
el puente también era perceptible, minutos antes, el rumor
del mar mientras el capitán le mostraba la bitácora. La proa
del *Cantabria* se hundía intermitentemente en las aguas grises
con cierta majestad. *Valladolid* había pensando entonces en
su infancia cuando incendiaba barquitos de papel en un
balde de agua. Y luego, en sus devaneos por el Pisuerga[6]

---

[5] El famoso parque de Londres.

[6] Río que atraviesa la ciudad de Valladolid.

pilotando una barca de dos remos. El *Catarro* le fiaba los viajes y, a veces, ni siquiera le recordaba su deuda. «Hoy no tengo cuartos, *Catarro*». «¿Cuándo sí?», decía el *Catarro* y rompía a reír. El *Catarro* conocía el lecho del Pisuerga como su propio lecho. Ningún ahogado se le resistía. Rastreaba con inteligencia y sin precipitaciones. Él sabía como nadie la querencia de las aguas para arrastrar a sus muertos y dependía del caudal, de la estación y de la fuerza de la corriente el rastrear el Vivero antes que la Pesquera o a la inversa. *Valladolid* pasaba tardes enteras junto al *Catarro* en el Sobaco[7], ante un porrón de vino tinto.

—*Catarro* —le decía—. ¿Es cierto que un barco al hundirse forma un remolino que arrastra cuanto le rodea?

Los dientes del *Catarro* estaban careados, lo que no impedía que en la ciudad fuese una institución benéfica.

—Según —decía.

Los chopos se erguían en las márgenes y delimitaban orgullosamente el cauce del río. Entonces *Valladolid* no era aún *Valladolid* y contaba solamente catorce años.

—*Catarro* —inquiría—. ¿Es cierto que hueles los ahogados?

—No es cierto. ¿Quién dijo tal?

—¿Por qué los encuentras todos?

—Conozco mi oficio.

—Dime, *Catarro,* ¿por qué si uno sabe nadar flota sin moverse y cuando no sabe se hunde?

—El miedo pesa, hijo.

---

[7] Nombre del bar.

Una tarde, *Valladolid* le confesó:

—¿Sabes que voy a ser marino, *Catarro*?

Entonces él, *Valladolid,* intuyó su primer viaje y notó una emoción de virginidad. El *Catarro* le acarició el cogote, orgulloso de su magisterio.

Benito, el contramaestre del *Cantabria,* se secó las manos obstinadamente. *Valladolid* se sobrecogió. Acababa de ligar un ful de jotas-nueves[8]. Miró las manos del capitán y el capitán bebió otro vaso de vino. *Valladolid* reparó que había perdido la cuenta.

—Ficho —dijo tímidamente.

—Diez duros para verlo —dijo el contramaestre.

Apuñaba el pañuelo mientras *Valladolid* pensaba: «Tú sabes que esto no sobra». Su padre, el que no era su padre, el revisor de la Compañía de FF. CC. del Norte, tenía el rostro azulado y la boca entre paréntesis. Según decía él, aquello era por haber reído mucho. «Todo lo que reí de niño me tocó llorar luego», afirmaba después del entierro de Raulito, su medio hermano. La gorra de plato de su padre le imprimía un aire marcial. ¡Lástima del tono azulado de su piel! *Valladolid* cerró los ojos:

—Veo —musitó.

—Color[9] —dijo triunfalmente Benito, el contramaestre del *Cantabria.*

Valladolid sintió que las orejas le abrasaban. Dijo:

—Otro resto.

---

[8] Adaptación del full house inglés, aquí tres jotas y dos nueves.

[9] Escalera de color, cartas consecutivas y del mismo palo.

CINCO

A Marita le decía diez días antes, sentados en un banco de los jardincillos del Poniente[1]: «El capitán en un barco es como Dios, ¿sabes?». «¿Sí?», inquirió ella. «Sí», respondió él con firme acento de convicción: «Puede incluso casarte si así lo deseas», agregó. «¡Oh!, ¿por qué no nos casamos en un barco?», dijo ella, repentinamente iluminada. «Puedes hasta hacer testamento delante del capitán», continuó impávido *Valladolid,* que aún no lo era, ni conocía a Elizabeth Taylor. «¿Es cierto que un capitán de barco puede echarte la bendición?» «Bueno —confesó, al fin, *Valladolid*—, no sé exactamente si el matrimonio que hace un capitán vale para la Iglesia o sólo para lo civil». Repentinamente Miguel Páez experimentó deseos de besar a Marita porque era hermosa, y anochecía, y los jardines del Poniente estaban desiertos, y cuatro soldados hacían coro desde una ventana del cuartel

---

[1] Pequeño parque próximo al río Pisuerga en Valladolid. El espacio sugerido por esta referencia y la de las Piscinas Samoa y el Paseo de las Moreras, situados al lado del parque, indican un área de reducidas dimensiones, indicando lo limitado de la experiencia del protagonista.

de San Quintín. Estudió, incluso, el procedimiento para no lastimarle la nariz como el primer día. Finalmente desistió porque Marita estaba ajena a su persona y pensaba en las atribuciones del capitán de barco.

Él dijo:

—Un capitán es casi como un Dios. Yo te contaré de mi primer viaje.

El capitán del *Cantabria* bebió otro vaso y fichó. El maquinista descubría las cartas con parsimonia y desconfianza. Prefería los *tréboles* y los *pics* porque eran de color negro. El rojo le lastimaba.

—Hablas, Beardo —dijo el capitán.

—Ficho.

—Y yo —dijo Benito.

—Yo también —dijo *Valladolid,* a quien le iba creciendo en el pecho un sentimiento de decepción.

—Dos parejas —dijo el maquinista, adelantando sobre la mesa su rostro funerario.

Benito, el contramaestre del *Cantabria,* tomó las cartas y barajó. El contramaestre del *Cantabria* desconocía la envidia porque era el sexto de catorce hermanos, y Nicanor, el primogénito, se quedó con la taberna de su padre sin compensarles. No sentía envidia porque para él pensar en Ava Gardner era como tener a Ava Gardner y pensar en la tasca de su hermano Nicanor era como tener la tasca de su hermano Nicanor. Y cuando cumplió catorce años, su madre le llamó aparte y le dijo: «Nito, habrás de ir pensando en labrarte un porvenir». Él siempre ambicionó viajar, pero no tenía dinero. «Está claro», dijo. Y antes de cumplir los quince se fue al mar.

Desde entonces no volvió por su pueblo. Ahora no importaba su pueblo, sino ligar un hermoso póker de ases.

A *Valladolid,* el muchacho, le pesaba la cabeza y notaba una sensación amarga en la boca del estómago. Una vez le dolió el estómago y su padre, el que no era su padre, le llevó al especialista y *Valladolid* hubo de orinar en una copa y beberse el contenido de otra copa y la sensación que notó más tarde era análoga a la que sentía ahora. Sin él darse cuenta, se le iba haciendo trizas dentro, tal vez en el estómago, la ilusión de su primer viaje: «El mar, el poder, la tempestad». No era eso el primer viaje, sino vino, naipes, ambiente enrarecido y un pesado movimiento de vaivén. Su padre, el revisor de la Compañía de FF. CC. del Norte, le dijo cuando él le comunicó que deseaba ser marino: «Chico, eso no puede estudiarse aquí». Luego hizo números, estrujó su buena voluntad y pensó en Raulito: «Bien mirado, estudia lo que gustes, hijo», le invitó. Y, a continuación, le dijo: «¿Sabes qué edad tendría ahora Raulito?». «Tal vez ocho», respondió *Valladolid.* «Nueve y dos meses exactamente», dijo el revisor contrayendo amargamente su rostro azulado. Añadió *Valladolid:* «¡Qué barbaridad, padre, cómo pasa el tiempo!». El revisor se puso melancólico: «Te irás al mar, chico, y te olvidarás de mí y de nuestro pobre mundo». *Valladolid* odiaba las expansiones sentimentales, excepto con la pequeña Marita. Oprimió, como suprema concesión, la mano grande del revisor, aquella mano que, sin darlo importancia, había horadado más de un millón de billetes de ferrocarril, y dijo, solemnemente: «Padre, le dedicaré a usted todas las emociones de mi primer viaje. Se lo prometo».

SEIS

Era, ahora, su primer viaje y el mar era para *Valladolid* una circunstancia lejana. Pero tenía vino a mano y bebió para olvidar el rostro azulado de su padre, que, en puridad, no era su padre, que le perseguía en sus recuerdos como una sombra. Y para olvidar su primer viaje. Le temblaba levemente la mano al dejar el vaso. Recordó al profesor Pisa Teruel, con su gravedad aplomada: «El mar, chiquitos; esa escuela de duras costumbres». A su lado, don Jesús Beardo, el maquinista del *Cantabria,* descubría las cartas con un regodeo dilatorio, esquina por esquina.

—Una vez, en Montecarlo, gané diez mil francos en tan sólo media hora —dijo el contramaestre, eructando, sin que los demás lo advirtieran.

Dijo *Valladolid,* que había solicitado un nuevo resto y que pensaba en su padre y en los tres billetes que no le sobraban y que hasta unos minutos antes habían arropado su corazón:

—¿Cómo fue su primer viaje?

El maquinista dio cartas y pensó en su amiga Mari Luz, que no se parecía a ninguna de las muchachas que decoraban

la camareta del contramaestre. Estaba contrariado, pero no
sentía curiosidad por conocer los motivos. Dijo Benito, para
quien la envidia no tenía sitio en el mundo:

—Nos sorprendió un temporal frente a las Azores[1] y yo
estaba en la cofa y dije: «Mi capitán, hay luces próximas
a estribor». El capitán era un endiablado erudito y dijo:
«En tal sitio como el que estamos se dio la batalla de San
Miguel[2]». Y se cuadró en la cubierta, mas un golpe de mar
rompió de pronto contra la amura y le dejó hecho una sopa.
¡Ja, ja, ja…!

El capitán dijo:

—Mi primer barco fue el *San Roque;* era un barco carbo-
nero. Cuando salí por primera vez ya estaba liada la guerra
del catorce y los ingleses decían de los alemanes que eran
unos hijos de perra. Los alemanes decían de los ingleses que
eran unos zorros y cuando divisamos el hidro derribado y
flotando sobre las aguas, yo pensé que el avión que ametra-
llaba a los náufragos era el de los hijos de perra.

—¿Era, por casualidad, inglés? —dijo *Valladolid,* a
quien se le recrudecía la sensación de vacío y la pesadez de
la cabeza.

—Yo no dije eso —dijo el capitán.

—Bien, la batalla de San Miguel… —dijo *Valladolid.*

---

[1] Grupo de nueve islas en el Océano Atlántico, a unos 1.500 kilómetros de la costa de Portugal, país al que pertenecen.

[2] Batalla naval en las islas Azores ocurrida en 1582 entre la flota
española y naves francesas que apoyaban al rival de Felipe II para el trono
de Portugal. La batalla consolidó las pretensiones del rey español.

El contramaestre y el capitán carraspearon banalmente. El maquinista dijo, irritado:

—Estamos jugando al póker, ¿no es eso?

Tan sólo seis o siete días antes, *Valladolid* le decía a Marita mientras recorrían el paseo alto de las Moreras con los dedos enlazados: «En mi opinión personal, el primer viaje es definitivo. Entonces puedes decir con conocimiento de causa si te gusta el mar o si te has equivocado».

Ella le oprimió la mano y, con este apretón, él tuvo consciencia de su propio relieve: «No te preocupes, hijita, mi vocación es una cosa sólida». Ella dijo: «Me gustaría despedirme de ti bailando. En mis recuerdos te tendría más cerca». Por la tarde, cuando anochecía, *Valladolid* la llevó a bailar a las Piscinas Samoa y Marita tenía los ojos iluminados, transida la mirada de una blanda emoción marina. Recostaba la cabeza en su hombro y tarareaba suavemente *El gato montés,* que era el pasodoble[3] que el altavoz desgranaba, con un punto de acritud, en ese instante. Él la acompañó, luego, a una mesa apartada, junto al agua. «¡Qué piscinita!», dijo él despectivamente. Marita se miró en sus ojos: «El mar, ¡oh, Dios!, el mar», dijo como arrobada.

Valladolid, ahora, no tenía otra sensación del mar que el desasosegado y creciente movimiento de vaivén y la oscilación de la lámpara en el techo de la camareta. Le aumentaba

---

[3] El pasodoble *El gato montés*, uno de los más famosos del repertorio, procede de una ópera del mismo nombre de principios de siglo del compositor valenciano Manuel Penella, de ambiente andaluz, con toreros y bandoleros, el apodo de uno de éstos da título a la obra.

en el estómago una indefinible sensación de malestar. *Valladolid* lo atribuía a la adversidad de la suerte. Había alcanzado ese nivel fatídico en que el jugador se desmoraliza. Perdió la fe en las cartas y las cartas se le negaban. Por un instante experimentó deseos de llorar al comprobar que una vez tras otra se rompían las posibilidades de ligar jugada. Odiaba de pronto el sistema mezquino de descubrir las cartas que empleaba el jefe de máquinas, el pañuelo de Benito, el contramaestre, y la ductilidad de dedos y el cogote blanco del capitán. Se le antojaba que el desinterés favorecía y él no se sentía capaz de desinteresarse de la partida. Administraba el último resto y, al final, tendría que retirarse. Le temblaban ligeramente los dedos, tenía los ojos turbios y las orejas encarnadas, cuando le correspondió barajar. Levantó sus cinco cartas y advirtió, en seguida, su buena disposición; no vio el ful de «kas» en el primer momento, pero sí reparó en la buena disposición de los naipes.

—Paso —dijo el capitán.

—Voy a duro —dijo el contramaestre.

—Dos —dijo *Valladolid*.

También el capitán entró con dos duros.

—Tres cartas —dijo el maquinista.

—Una —dijo Benito, el contramaestre, y en ese instante extrajo el pañuelo del bolsillo y se limpió las palmas de las manos.

Valladolid se estremeció. «Tiene póker servido», pensó. De otro modo hubiera esperado el descarte para sacar el pañuelo. Levantó los ojos y miró fijamente, impúdicamente, a Benito, el contramaestre del *Cantabria*. *Valladolid* creyó intuir en sus pupilas la confusión que inspira una gran jugada. «Me quiere enredar con su póker. ¡Maldito!», se dijo.

—¡Quince duros! —dijo Benito, y volvió a limpiarse las manos en el pañuelo.

El corazón de *Valladolid* pulsaba más deprisa que las calderas del *Cantabria*. Unas gotas de sudor frío le resbalaron por los sobacos. Levantó sus cartas y se recreó una vez más en la jugada: tres «kas» y dos «nueves». Era una bella y laboriosa jugada. Seis horas ininterrumpidas le costó elaborarla. «El muy granuja me quiere enredar con su póker servido», pensó *Valladolid*. «Se ha limpiado las manos antes de mirar el descarte.» Conservaba un resto de siete duros, pero era cuanto conservaba de 10 que a su padre, que, bien mirado, no era su padre, no le sobraba. Vaciló. El silencio era tan hondo que el roce del costado contra las olas producía un rumor insoportable. Recordó las palabras de Martí en Barcelona; Martí era un buen jugador: «El secreto del póker no estriba tanto en ligar como en saber retirarse a tiempo». La evocación decidió la actitud de *Valladolid*. Arrojó sus cartas sobre la mesa y, al hacerla, se sintió descargado de una seria responsabilidad:

—Me voy —dijo, y respiró.

También respiró Benito, el contramaestre, quien sin nadie pedírselo exhibió un proyecto frustrado de escalera de color. Dijo:

—Quiero enseñarlo. Es el primer farol de toda la noche. Pasé un mal rato, lo confieso.

Valladolid se puso en pie de golpe. Y experimentó una vaga reminiscencia de los tiempos en que él era un hombre fuerte y viril y Marita buscaba en su persona un punto de apoyo. Estaba tan pálido que parecía más niño, tal vez un poco delicado. Ahora el cabeceo del *Cantabria* se acusaba directamente sobre su estómago. Era como si tuviese dentro de él una horrible música de jazz.

—Me retiro, señores —dijo—. Estoy… bien…; estoy un poco mareado.

Los tres hombres curtidos, que eran prácticamente tres semidioses para *Valladolid,* se miraron entre sí y comprendieron. El maquinista juntó las cartas y comenzó a barajar lentamente. Dijo el contramaestre:

—No te preocupes, *Valladolid,* muchacho. Es éste tu primer viaje.

Siete

«Mi primer viaje», pensó *Valladolid* mientras, en el angosto pasillo, daba bandazos angustiosos, perdido por entero el control. Notaba como una tenaza comprimiéndole las vísceras y como si el bum-bum de las máquinas se produjera exactamente dentro de su cerebro. «Tú sabes que esto no sobra...» «Nos sorprendió un temporal a la altura de las Azores...» «Me gustaría despedirme de ti bailando...» «Cuando salí por primera vez ya estaba liada la guerra del catorce...» *Valladolid* avanzaba a trompicones. A veces le parecía que sus piernas eran pequeñitas y, a veces, que sus piernas habían de alargarse inverosímilmente hasta encontrar un punto de apoyo. Era incapaz de acomodar sus movimientos a los movimientos del navío. Ahí radicaba[1] su confusión. El suelo y los mamparos venían a su encuentro cuando menos lo esperaba. Intuyó tan próxima la muerte que pensó en su padre, en el que, en puridad, no era padre suyo, sino de Raulito, su medio hermano muerto, y tuvo consciencia nebulosa de su negra traición.

---

[1] En eso consistía.

Cuando vomitó por tercera vez, inclinado sobre la borda, experimentó algo así como un modesto renacimiento. Amanecía por la amura y la mar se extendía gris ante él, abierta en grandes baches, pero sin espuma. Se constató tan absurdo y débil como absurda y débil se constataba Marita cuando recostaba su ligera cabeza sobre su hombro. Él, entonces, era un orgullo de hombre, poderoso y desafiante. El mar reducía la importancia de las cosas. Y cuando vio a Luis, el joven repostero del *Cantabria,* redondear los ojos a su lado, no experimentó vergüenza, sino una extraña ventura. Y cuando Luis, el repostero del *Cantabria,* le dijo: «¿No es hermoso el mar?», creyó en la posibilidad de que el mar pudiera resultar efectivamente hermoso aunque él, *Valladolid,* de momento le odiase. Y *Valladolid* pensó que si el mar era hermoso no lo era desde una cabina hedionda donde él desbarataba lo que no sobraba a su padre.

Dijo Luis, acercándosele al corazón con su espontánea sonrisa infantil:

—Usted es de Valladolid, ¿no es cierto? Bueno, yo soy de Villamarciel[2].

—¡Oh! —exclamó *Valladolid,* quien volvía por instantes a sentirse entero y sólido—. Una vez en Villamarciel maté yo un pato. Era diciembre y la corriente lo arrastraba y yo me dije: «Si no me zambullo, lo pierdo». Y me zambullí y, contra lo que esperaba, el agua no estaba fría.

---

[2] Localidad de la provincia de Valladolid, boscosa y con abundantes cultivos. Se encuentra próxima a Tordesillas y a la confluencia de los ríos Duero y Pisuerga.

Luis, el joven repostero del *Cantabria,* le escuchaba con tanta atención que *Valladolid* iba reconstruyéndose espiritualmente a pasos acelerados.

Luis, el repostero, dijo:

—Yo cazaba los patos de madrugada, oculto entre los carrizos de la isla. Bajaban en grandes bandos a la confluencia y la *Moña,* una perrita que no abultaba lo que un pato, permanecía quieta mientras yo no la dijera: «¡Hala, perrina, a por él!».

—¿No abultaba lo que un pato y no se acobardaba?

—Una mañana me cobró catorce patos —dijo Luis.

—¿Ella sola?

—Yo no hacía más que animarla desde la orilla.

—Bien. ¿Tú puedes decirme, hijo, por qué un hombre a veces se siente empequeñecido?

Luis, el repostero del *Cantabria,* le miró un momento perplejo y, luego, rompió a reír. No le comprendía. *Valladolid,* ahora, deseaba vehementemente que Luis, el joven repostero del *Cantabria,* no le hubiera visto inclinarse sobre la borda y vomitar. En la proa, dos marineros comenzaban a baldear la cubierta. Agregó Luis:

—Hace una hora nos cruzamos con el *Queen Mary.* Aunque ya amanecía, llevaba dadas todas las luces y parecía un palacio flotante.

—¿Pasó el *Queen Mary* junto a nosotros?

—A menos de una milla de distancia, señor.

—¡Diablo!

—Me gusta estar sobre cubierta en la amanecida porque se ven los peces voladores con frecuencia.

—¿Viste también peces voladores, hijo?

—Dos rebaños tremendos.

—¡Diablo!

Valladolid pensó: «Mi primer viaje». Pensó: «Escribiré a Marita: «He visto el *Queen Mary,* que es un palacio flotante, con todas sus luces encendidas, y dos enormes rebaños de peces voladores». También lo escribiría a su padre, que, con mayor exactitud, no era su padre, sino el de Raulito, su medio hermano. En realidad, tendría que decirles: «En mi primer viaje no vi sino un ful de *kas* que me pisó el contramaestre con un cochino farol, y las piernas de Sonja Henie, esa patinadora rubia de Hollywood»». Luego pensó que lo que viera Luis, el joven repostero del *Cantabria,* bien pudo verlo él y que más ganaba diciéndole a su padre que vio al *Queen Mary* en su primer viaje que no que había perdido los tres billetes que a él no le sobraban. «Sí —decidió mentalmente—; escribiré: «En mi primer viaje me crucé con el *Queen Mary.* Amanecía, pero, no obstante, llevaba dadas todas las luces y parecía un palacio flotante. A popa vi la piscina y la pista de tenis y... y el campo de golf».»

Permaneció un momento caviloso *Valladolid,* cuyo estómago se iba serenando y que ya no se creía un pobre diablo, sino un hombre importante. La inmensidad del mar le emborrachaba. Se volvió a Luis, el repostero del *Cantabria,* que bien mirado no era más que un chiquillo:

—Dime, *Villamarciel,* muchacho, ¿lleva, por casualidad, el *Queen Mary* campo de golf?

MATERIALES PARA LA CLASE

Glosario

ABANICO. Objeto semicircular para darse aire.

ABARCAR. Alcanzar con la vista.

ABDICAR. Rendirse, darse por vencido.

ABEJARUCO pájaro que se come las abejas.

ABOLIR. Eliminar.

ABOLLADO. Aplastado.

ABOMBADO. Abultado por estar lleno de cosas.

ABORRECER. Odiar.

ABRASAR. Quemar.

ABREVADERO. Lugar donde bebe el ganado.

ABROCHARSE. Cerrarse con los botones.

ABULENSE. Natural de Ávila.

ABULTADO. Que sobresale.

ACARREAR. Llevar.

ACERBO. Áspero, intenso.

ACCESO. Ataque.

ACECHAR. Observar ocultamente, esperar para llevar a cabo un plan.

ACENTUAR. Subrayar, enfatizar.

ACERADO. De color de acero, gris oscuro.

ACOBARDARSE. Sentir miedo o vergüenza.

ACODARSE. Apoyar los codos.

ACOSO. Persecución intensa.

ACOSTAR. Tumbar, destruir.

ACRITUD. Falta de dulzura, aspereza.

ACUCIADO. Presionado, impulsado.

ACULATAR. Acomodar la parte posterior del fusil.

ACUSARSE (en). Notarse.

ADEMÁN. Gesto.

ADENTRARSE. Meterse

ADHERIR. Unir.

ADIPOSIDAD. Obesidad.

ADVERSIDAD. Mala fortuna.

ADVERTIR. Notar.

AFANAR. Trabajar intensamente.

AFILADO. Cortante.

AGARRAR. Abrazar con fuerza.

AGARRADO. Fuerte.

AGOBIADOR. Que produce angustia, dificultad.

AGOSTERO. Trabajador temporero en la cosecha, durante el mes de agosto.

AGOTADORA. Que fatiga mucho.

AGREGAR. Añadir.

AGRIO. De sabor ácido, poco agradable.

AGUDO. Cortante, afilado.

AGUILÓN. Parte de una grúa.

AGUJA. Indicador en un aparato que mide.

AGUZADO. Desarrollado.

AHOGAR. Sofocar.

AHONDAR. Profundizar.

AHUECAR la voz. Hablar con un tono más grave.

AHUYENTAR. Espantar.

ALARISTA. Trampero.

ALBO. Blanco.

ALBOROTAR. Provocar desorden.

ALCARAVÁN. Ave de cabeza redondeada, patas largas y amarillas, pico relativamente corto y grandes ojos amarillos, de costumbres nocturnas.

ALCOR. Colina.

ALDEA. Pueblo pequeño.

ALETEAR. Mover las alas.

ALEVÍN. Cría de pez.

ALEVOSO. Traicionero, intencionado.

ALGARABÍA. Ruidos numerosos y confusos.

ALICORTA. De alas cortas.

ALIMAÑAS. Animales que se comen la caza menor (como el zorro).

ALLANAR. Resolver.

ALMORRÓN. Línea de tierra levantada para separar surcos o zonas de cultivo.

ALONDRA. Pájaro de 15 a 20 cm de largo, de cola ahorquillada, con cabeza y dorso de color pardo terroso y vientre blanco sucio. Es abundante en toda España, anida en los campos de cereales y come insectos y granos.

ALQUITRÁN. Producto obtenido de la destilación de maderas resinosas, carbones, petróleo, pizarras y otros materiales vegetales y minerales. Es líquido, viscoso, de color oscuro y fuerte olor, y tiene distintas aplicaciones industriales.

ALTEROSO. Demasiado alto.

AMASAR. Reunir; fabricar.

AMASIJO. Montón desordenado.

AMERICANA. Chaqueta de tela, con solapas y botones, que llega por debajo de la cadera.

AMETRALLAR. Disparar con una ametralladora.

AMONARSE. Esconderse. Echarse, arrugarse, agazaparse para no ser visto.

AMONTONAR. Acumular.

AMPARO. Abrigo, protección.

AMURA. Parte de los costados del buque donde este empieza a estrecharse para formar la proa.

ANDAR (no andar bien de la cabeza). Expresión con la que se duda de la capacidad o estabilidad mental de una persona.

ANEGAR. Inundar.

ANGOSTO. Estrecho.

ANHELANTE. Con respiración agitada.

ANTAÑO. En el pasado.

ANTOJÁRSELE algo a alguien. Parecerle.

ANUDAR. Atar.

ANZUELO. Gancho pequeño colgado del sedal para pescar.

APALEAR. Dar golpes con palos.

APAÑAR. Agarrar.

APARTADIJO. Grupo pequeño separado.

APEARSE. Bajarse.

APELMAZADO. Compacto.

APEONAR. Andar las perdices rápidamente.

APERO. Útil, herramienta.

APIOLAR. Coger, cobrar.

APLOMARSE. Ganar en peso, consistencia, tranquilidad.

APOSTARSE. Colocarse.

APOSTURA. Compostura.

APREMIAR. Pedir con insistencia.

AQUILLAR. «Ensanchar» (Urdiales Yuste, 2006).

ARADO. Instrumento para arar la tierra.

ARAÑA (pescar con). «Especie de araña de metal para pescar cangrejos» (Urdiales Yuste 2006: 58).

ARAÑAR. Marcar con las uñas o algún objeto agudo.

ARBOLADURA. Palos y mástiles del barco.

ARCILLA. Tierra finamente dividida que procede de la descomposición de minerales de aluminio, blanca cuando es pura y con coloraciones diversas según las impurezas que contiene.

ARDUO. Difícil

ARGAYA. Argaña. Conjunto de filamentos de la espiga.

ARRAIGAR. Echar raíces.

ARRECIAR. Aumentar de fuerza.

ARREGLARSE. Conseguir.

ARRIMAR. Acercar.

ARROBADO. Ensimismado.

ASEDIAR. Acosar, rodear con impaciencia.

ASÍ O ASAO. De esta manera o de esta otra.

ASÍ que. Tan pronto como.

ASOMBRO. Sorpresa.

ASOMO. Indicio.

ASPA. Cruz.

ASPAVIENTOS. Gestos exagerados.

ASUETO. Vacación, no trabajar.

ATAJAR. Presentarse súbitamente ante alguien, sorprenderlo.

ATAJO. Camino más corto.

ATARANTARSE. Desconcertarse.

ATASCARSE. Quedar inmovilizado.

ATENAZAR. Inmovilizar.

ATENDER. Escuchar.

ATEZADO. Tostado.

ATÓNITO. Inmovilizado por la sorpresa.

ATRIBUCIÓN. Responsabilidad, tarea.

ATROPELLADO. Precipitado.

ATURDIR. Desconcertar, confundir.

ATUSARSE. Acariciarse para alisar el pelo.

AUDAZ. Valiente, decidido.

AULLAR. Dar aullidos, como los perros o lobos.

AUTILLO. Ave nocturna, parecida a la lechuza pero algo mayor, de color pardo rojizo con manchas blancas, y las remeras y timoneras rayadas de gris y rojo.

AVARICIA. Deseo insano de ganancias.

AVENA LOCA. Especie de avena, cuya caña se levanta hasta un metro o más de altura. Crece entre los trigos, a los cuales perjudica mucho.

AVENTURARSE. Atreverse.

AVIADO. En situación difícil.

ÁVIDO. Ansioso.

AVUTARDA. Ave zancuda muy común en España, de unos 80 cm de longitud desde la cabeza hasta la cola, y de color rojo manchado de negro, con las remeras exteriores blancas y las otras negras, el cuello delgado y largo y las alas pequeñas, por lo cual su vuelo es corto y pesado.

AXILA. Sobaco.

AZAR. Suerte.

AZORARSE. Molestarse, enfadarse.

AZUELA. Herramienta de carpintero, corta con hoja de metal.

BABA. Saliva.

BABOR. Lado izquierdo del barco.

BACHE. Agujero en los caminos o carreteras.

BACILLAR. Parral, vides elevadas.

BAJAR. Derribar, cazar.

BAJOS. Los terrenos a poca altitud.

BALBUCIR. Hablar con dificultad.

BALDE. Cubo, recipiente para agua para la limpieza del suelo.

BALDEAR. Echar cubos de agua para limpiar.

BALSA. Agujero donde se acumula o remasa el agua.

BAMBOLEARSE. Realizar un movimiento oscilatorio.

BANALMENTE. Sin importancia.

BANDO. Grupo.

BAQUETA. Vara para desatascar el cañón.

BARAJAR. Remover, mezclar las cartas antes de repartir.

BARBO. Pez de río de color fusco por el lomo y blanquecino por el vientre. Crece hasta unos 60 cm de longitud y tiene cuatro barbillas en la mandíbula superior, dos hacia el centro y otras dos, más largas, a uno y otro lado de la boca. Es comestible.

BARBECHO. Terreno que se deja.

BARDA. Valla o tapia que rodea una propiedad.

BARQUILLO. Especie de galleta muy fina.

BARULLO. Confusión.

BÁSCULA. Balanza para pesar.

BAZA. Turno, jugada.

BAZO. Víscera propia de los vertebrados, de color rojo oscuro y forma variada, situada casi siempre a la izquierda del estómago, que participa en la formación de los linfocitos.

BEATÍFICO. De santo.

BETÚN. Producto para dar brillo a los zapatos.

BICHO. Animal.

BIDÓN. Barril.

BINAR. Arar por segunda vez.

BLANCO (hacer). Acertar con un golpe o disparo.

BOCAMANGA. Abertura de la manga.

BOCANA. Paso estrecho por el que se entra a una bahía.

BOCHORNO. Calor intenso.

BOINA. Gorra sin visera, redonda y chata, de lana y generalmente de una sola pieza.

BOLARDO. Poste de hierro.

BOQUERA. Ventana.

BORDA. Borde superior del lateral del barco.

BORROSO. Poco claro.

BOTE. Embarcación pequeña.

BOTONES. Encargado de las puertas y ascensores en edificios públicos.

BRASERO DE PICÓN. Recipiente de metal con carbón picado de ramas para calentarse.

BRAVÍO (olor a). A campo, silvestre, animal salvaje.

BRAZADA. Cantidad que cabe entre los brazos.

BREVA. Fruto primerizo de la higuera, más grande que el higo. También, bellota.

BRISCA. Juego de cartas. As o tres en ese juego.

BRIZNA. Filamento o hebra.

BRUMA. Niebla.

BRUÑIDO. Pulido, brillante.

BUCHE. Bolsa membranosa que comunica con el esófago de las aves, en la cual se reblandece el alimento.

CÁBALAS (hacer). Pensar, especular.

CABECEAR. Mover la cabeza.

CABO. Extremo de una cuerda.

CABO (al). Finalmente.

CABREARSE. Enfadarse.

CABRILLA. Pez de unos 20 cm de largo, boca grande con muchos dientes, color azulado oscuro, con cuatro fajas encarnadas a lo largo del cuerpo y la cola mellada. Salta mucho en el agua y su carne es blanda e insípida.

CACHEAR. «Volver a arar entre surco y surco para tapar el grano recién sembrado […] También se cachea la tierra cuando ésta está en barbecho, para quitar el forraje y tenerla limpia» (Urdiales Yuste, 2006: 78).

CALABOZO. Prisión.

CALADO. Tamaño de la parte sumergida del barco. Barco grande.

CALANDRIA. Pájaro de la misma familia que la alondra, de dorso pardusco, vientre blanquecino, alas anchas, de unos 40 cm de envergadura y pico grande y grueso.

CALAVERA. Huesos de la cabeza sin piel ni carne. Signo para indicar peligro de muerte.

CALCÁREO. Con cal, óxido de calcio.

CALCINAR. Abrasar.

CALDERA. Recipiente metálico para calentar líquidos.

CALENTURA. Fiebre.

CALIZA. Que tiene cal.

CALZARSE. Ponerse los zapatos.

CAMARETA. Cuarto o cabina en los barcos.

CAMERINO. Cuarto reservado para la preparación de los artistas.

CAMPANILLA. Flor con forma de campana.

CAMPOSANTO. Cementerio.

CANANA. Cinturón para cartuchos.

CANDADO. Objeto para cerrar puertas, cajas, armarios.

CÁNDIDAMENTE. Inocentemente

CANDIL. Pequeña lámpara de aceite.

CANTEAR. Tirar piedras.

CANTURREANDO. Cantar en murmullos.

CAÑA. «Tallo de las plantas gramíneas, por lo común hueco y nudoso» (DRAE). Instrumento para pescar.

CAPÓN. Pollo castrado y cebado.

CAPRICHO. Deseo arbitrario.

CARCA. Viejo.

CÁRCAVA. Zanja grande que suelen hacer las avenidas de agua.

CÁRDENO. De color morado.

CARDO. Planta anual que alcanza un metro de altura, de hojas grandes y espinosas como las de la alcachofa, flores azules en cabezuela, y pencas que se comen crudas o cocidas.

CAREADO. Con caries, deteriorado.

CARECER. No tener.

CARGADO. Borracho.

CARIZ. Aspecto.

CARNICERÍA. Gran matanza, destrucción.

CARNISECO. Delgado.

CARPA. Pez verdoso por encima y amarillo por abajo, de boca pequeña sin dientes, escamas grandes y una sola aleta dorsal, que vive muchos años en las aguas dulces.

CARRASCO. Árbol. Encina pequeña.

CARRASPEAR. Aclararse la garganta.

CARRIZO. Planta gramínea, indígena de España, con la raíz larga, rastrera y dulce, tallo de dos metros, hojas planas, lineares y lanceoladas, y flores en panojas anchas y copudas. Se cría cerca del agua y sus hojas sirven para forraje. Sus tallos servían para construir cielos rasos, y sus panojas, para hacer escobas.

CARTUCHO. Carga para el fusil.

CARTULINA. Papel de mayor consistencia.

CASCAJERA. Lugar donde hay cascajo.

CASCAJO. Residuos de cáscaras.

CASCO. El cuerpo del barco.

CASTAÑETEAR. Hacer un sonido como de castañuelas.

CASTOR. Mamífero roedor que vive mucho en el agua.

CATEDRÁTICO. Profesor de universidad.

CAUCE. El lecho de un río o arroyo.

CAUDAL. Cantidad de agua de un río.

CAVILOSO. Pensativo.

CHASCAR. Sonar el chasquido, el ruido.

CHISQUERO. Encendedor para el cigarro.

CEBAR. Alimentar.

CELARSE. Guardarse, protegerse.

CELEMÍN. En Castilla, medida de capacidad equivalente a casi medio litro.

CELO. Época de apareamiento de los animales.

CENTENO. Cereal parecido al trigo.

CEÑIDO. Rodeado ajustadamente.

CEÑO. Espacio entre las cejas.

CEPA. Tronco de la vid.

CEPO. Artefacto para atrapar animales.

CERA. Material para las velas.

CÉREO. De cera.

CERNÍCALO. Ave de rapiña, común en España, de unos 40 cm de largo y cabeza abultada, pico y uñas negros y fuertes, y plumaje rojizo más oscuro por la espalda que por el pecho, manchado de negro.

CERNIRSE. Amenazar.

CESAR. Parar.

CHALECO. Prenda de ropa para el cuerpo, sin brazos.

CHAMUSCADO. Quemado

CHATO. Corto, gordezuelo.

CHILLÓN. Color muy intenso.

CHILLÓN. Que hace mucho ruido.

CHINCHE. Insecto de picadura muy molesta.

CHISPA. Partícula encendida.

CHIRRIAR. Sonar cacofónicamente.

CHOPO. Árbol. Variedad de álamo, de altura considerable.

CHORRO. Agua que sale del grifo o caño.

CHOVA. Ave similar al cuervo, de plumaje negro lustroso y patas rojas. En España habitan dos especies, que se distinguen por sus picos: rojo y largo en una y amarillo y corto en la otra.

CHULO. Hombre que trafica con prostitutas.

CHUPADO. Muy flaco.

CHUSCO. Pedazo de pan.

CICLÓPEO. De gran tamaño.

CIENO. Barro de los ríos y zonas húmedas.

CIGÜEÑA. Ave zancuda de paso, anida en torres.

CINEGÉTICO. Relativo a la caza.

CÍNIFE. Mosquito.

CLARETE. Vino rosado joven común en algunos lugares de la zona de Viejas historias.

COBRAR. Capturar, cazar.

COCHE de línea. Autobús.

COCHINO. Sucio.

COCHINILLO. Cerdo lechal.

CODORNIZ. Ave gallinácea, de unos 20 cm de largo, con alas puntiagudas, la cola muy corta, los pies sin espolón, el pico oscuro, las cejas blancas, la cabeza, el lomo y las alas de color pardo con rayas más oscuras, y la parte inferior gris amarillenta. Es común en España, de donde emigra a África en otoño.

COFA. Pieza colocada en los palos de los barcos para facilitar las maniobras en ellos.

COFRECITO. Pequeña caja metálica.

COGITABUNDO. Pensativo.

COGOTE. Parte de atrás del cuello.

COLILLA. Resto del cigarro.

COLLARÓN. Collar, aro para el cuello de los animales.

COLMILLO. Diente.

COLORÍN. Jilguero. Pájaro muy común en España, que mide 12 cm de longitud y 23 cm de envergadura. Tiene el pico cónico y delgado, plumaje pardo por el lomo, blanco con una mancha roja en la cara, otra negra en lo alto de la cabeza, un collar blanco bastante ancho, y negras con puntas blancas las plumas de las alas y cola, teñidas las primeras de amarillo en su parte media. Es uno de los pájaros más llamativos de Europa y se domestica con facilidad.

COMBAR. Torcer.

CÓMODA. Mueble con cajones normalmente para guardar ropa.

COMPROMISARIO. Representante o delegado de otro.

COMPROMISO. Relación amorosa seria.

COMPUNGIDO. Dolorido.

CONCIENZUDO. Cuidadoso.

CONFITERO. Que prepara dulces.

CONFORME. Satisfecho, de acuerdo.

CONMINAR. Obligar, amenazar.

CONMUTADOR. Interruptor para encender y apagar la luz.

CONSTAR. Resultar evidente.

CONSTATAR. Comprobar.

CONTRAER. Estrechar.

CONTRALUZ. Lado opuesto a la luz.

CONTRAMAESTRE. Jefe u oficial.

CONTRARIADO. Enfadado, molesto.

CONTRINCANTE. Rival.

COÑO. «Interjección para expresar diversos estados de ánimo, especialmente extrañeza o enfado» (*DRAE*).

CORDILLERANA. «Perdiz cordillerana. Especie de perdiz muy distinta de la europea, más pequeña, de alas puntiagudas y tarsos robustos y reticulares por delante. No es comestible y habita en lo alto de la cordillera de los Andes» (*DRAE*).

CORONILLA. Parte posterior-superior de la cabeza.

CORPULENCIA. Tamaño, fortaleza.

CORRALERO. «Persona que lleva el morral» (Urdiales Yuste, 2006).

CORRIENTE y moliente. Completamente normal.

CORTADO. Turbado, falto de palabras. Tímido.

CORTAPISA. Restricción, obstáculo.

COSARIO (corsario). Hombre que conduce personas o cosas de un pueblo a otro.

COSECHADORA. Máquina para hacer la cosecha.

COSER (a puñaladas). Clavar repetidamente el puñal.

COSQUILLAS. Especie de picor suave que provoca la risa.

COSTURA. Unión de las partes de la ropa cosida.

COTO. Terreno cerrado para cazar.

CREPITAR. Sonido rápido y seco como el del fuego.

CRIATURA. Bebé.

CRI-CRI. Onomatopeya para el sonido de los grillos.

CRISPADO. Tenso por la exasperación.

CRISTIANO (en cristiano). En español, en lengua que se entienda.

CRISTO (todo Cristo). Todo el mundo.

CROMO. Dibujo.

CRUENTO. Sangriento.

CUADRA. Establo, espacio para los animales.

CUADRILLA. Grupo.

CUARESMA. Período en el calendario católico, tras los Carnavales y hasta el Domingo de Resurrección de ayuno y penitencia.

CUARTEARSE. Agrietarse, romperse.

CUARTEL. Base militar.

CUBIERTA. Piso superior del barco.

CUCHICHEAR. Murmurar.

CUENCA. «Territorio rodeado de alturas» (DRAE). Hueco de los ojos.

CUERNO DE AVISOS. Trompa para comunicarse en la caza.

CUERVO. Pájaro carnívoro, mayor que la paloma, de plumaje negro, pico cónico, grueso y más largo que la cabeza, y con alas de un metro de envergadura.

CUESTAS (a). Cargando con algo.

CUETO. Colina de forma cónica, aislada, y por lo común rocosa.

CUNDIR. Aumentar, dar de sí, propagarse.

CUNETA. Zanja a los lados de un camino o carretera.

CURTIDO. Con experiencia en la vida.

DALLE. Guadaña, instrumento para segar.

DAR de lado. No importar.

DAR tierra. Enterrar.

DARSE de codo. Para llamar la atención. Discretamente y murmurar, reírse.

DECANTADO. Limpio de impurezas.

DECEPCIONADO. Desilusionado.

DELECTACIÓN. Placer.

DELEZNABLE. De poca consistencia.

DENTELLADA. Golpe de dientes.

DERRIBADO. Caído.

DESAMUEBLADO. Poco acogedor.

DESAPEGO. Sin interés.

DESAHOGADO. Sin problemas, tranquilo.

DESAHUCIADO. Sin esperanzas de cura.

DESANGELADO. Con poca gracia, encanto o estilo.

DESASTRADO. Pobre, sucio, mal conjuntado.

DESATRACAR. Salir del puerto.

DESBARATAR. Perder, dilapidar.

DESBARRAR. Deslizar, patinar.

DESBORDADO. Rebasado por las circunstancias.

DESCALABRADURA. Herida.

DESCARTE. Deshacerse de las cartas no deseadas.

DESCOMEDIDO. Extraordinario.

DESCONFIANZA. Falta de esperanza o seguridad en otra persona o en uno mismo.

DESCORAZONAR. Causar tristeza.

DESDENTADO. Sin dientes.

DESDEÑAR. No considerar, no prestar atención.

DESECHO. Resto inservible.

DESEMBOCAR. Acabar una corriente fluvial en otro río o en el mar.

DESENCANTO. Desilusión.

DESENTRAÑAR. Descomponer, separar.

DESGRANAR. Sacar el grano.

DESGUARNECIDO. Sin protección o abrigo.

DESHILACHADO. Deshaciéndose en hilos.

DESHINCHADO. Sin aire.

DESISTIR. No intentarlo más.

DESLUMBRAR. Cegar por exceso de luz.

DESMANOTADAMENTE. Tímidamente.

DESMEDRADO. Poco desarrollado.

DESMEMORIADO. De mala memoria.

DESMESURADAMENTE. Mucho.

DESOLADO. Triste.

DESPACHAR. Vender.

DESPACHURRAR. Estrujar, aplastar.

DESPECHO. Mal humor.

DESPERDIGARSE. Repartirse, separarse.

DESPIADADO. Sin piedad.

DESPLAZARSE. Ir.

DESPOJARSE. Quitarse.

DESPRECIAR. Mostrar falta de aprecio.

DESTEÑIDO. Que ha perdido el color.

DEVANEOS. Distracciones ligeras.

DIABLURA. Acción mala.

DIÁFANO. Claro.

DILATORIO. Que retrasa.

DIMINUTO. Muy pequeño.

DINTEL. Parte de la puerta.

DISCURRIR. Fluir, recorrer.

DISECAR. «Preparar los animales muertos para que conserven la apariencia de cuando estaban vivos» (*DRAE*).

DISPARATE. Imposibilidad, error, estupidez.

DISPLICENTE. Con desprecio.

DISTENDERSE. Soltarse.

DISTRAERSE. Entretenerse.

DIVISAS. Dinero del exterior.

DOCILIDAD. Obediencia.

DONCELLEZ. Virginidad.

DRIL. Tela fuerte y poco fina.

DUCTILIDAD. Flexibilidad, fácilidad para ser manipulado.

DUELO (sin). Sin parar.

DUEÑO. Propietario.

DURO. Moneda de cinco pesetas.

EBRIO. Borracho.

ECHAR al coleto. Tragarse.

ECHAR a pies. Método para decidir el orden o los miembros de los equipos en algún juego.

ECZEMA. Enfermedad de la piel que produce manchas, costras.

EFIGIE. Imagen de una persona.

EFÍMERO. Breve.

EMBATE. Ataque.

EMBOZO. Parte de la sábana, doblada, próxima a la cabeza.

EMBROMAR. Burlarse, gastar bromas.

EMPAPADO. Muy mojado.

EMPAVORECIDO. Asustado.

EMPARRADO. Conjunto de parras.

EMPERO. Sin embargo.

EMPINAR la bota más de la cuenta/ Empinar el codo. Beber en exceso.

ENCALADO. Pintado con cal.

ENCAMAR. Esconderse, echarse al suelo.

ENCAÑAR. Empezar a formar caña el cereal.

ENCARAMARSE. Subirse.

ENCARNADA. Roja.

ENCERRONA. Trampa.

ENCINA. Árbol de diez a doce metros de altura, con tronco grueso, ramificado en varios brazos, de los que parten las ramas, formando una copa grande y redonda. Tiene por fruto bellotas dulces o amargas, según las variedades, y madera muy dura y compacta.

ENCLENQUE. Débil, flaco.

ENCOMENDAR. Encargar.

ENCONAR. Acentuar.

ENCORVADO. Agachado.

ENCRESPARSE. Agitarse, rizarse.

ENEBRO. Arbusto de unos cuatro metros de altura, con tronco ramoso y copa espesa. Sus frutos son bayas de color negro azulado, y su madera es rojiza, fuerte y olorosa.

ENFURRUÑADO. Molesto, enojado.

ENGARGOLADO. Por donde rueda una puerta corredera.

ENREDAR. Engañar, confundir.

ESQUIVO. Evasivo.

ESTIRADO. Engreído, afectado.

ENJUTO. Delgado.

ENMAGRECER. Adelgazar.

ENMARAÑARSE. Enredarse, liarse.

ENGULLIR. Comer, tragar.

ENJAMBRE. Grupo de abejas.

ENJUTO. Delgado.

ENOJOSAMENTE. Con dificultad, molestamente.

ENRARECIDO. Mal ventilado.

ENRASAR. Quedarse el cielo sin nubes.

ENREDAR. Complicar.

ENTECO. Flaco, débil.

ENTERRADOR. Encargado de dar sepultura.

ENTORPECER. Dificultar.

ENTRAÑAS. Órganos internos.

ENTREABRIR. Abrir parcialmente.

ENVÉS. Parte opuesta a la palma de la mano.

ERA. Zona de campo abierto.

ERGUIDO. Levantado.

ERIZARSE. Ponerse de punta.

ERUCTAR. Expulsar gas por la boca.

ESCABECHE. Salsa o adobo con aceite, vinagre y otras especias común para el pescado.

ESCARCHA. Rocío congelado.

ESCARMIENTO. Castigo o pena.

ESCARNIO. Burla insultante.

ESCARPADO. De difícil ascenso.

ESCASEZ. Falta de algo.

ESCOÑADO. Estropeado, destruido.

ESCOTE. Abertura de la ropa por la que se ve el pecho o la espalda.

ESCRIÑA. Escriño, cesta de paja.

ESCUÁLIDO. Extremadamente delgado.

ESFUMARSE. Desaparecer.

ESGUINCE. Movimiento súbito en carrera para esquivar o escapar.

ESLORA. Longitud de la superficie del barco.

ESPADAÑA. Planta herbácea de entre metro y medio y dos metros de altura, con las hojas en forma casi de espada y el tallo largo, a manera de junco, con una mazorca cilíndrica al extremo, que después de seca suelta una especie de pelusa o vello blanco, ligero y muy pegajoso.

ESPANTAR. Asustar para alejar.

ESPARAVEL. Red para pescar.

ESPARCIMIENTO. Diversión.

ESPIGA. El grano en las plantas de los cereales.

ESPINOSO. Con espinas.

ESQUIRLA. Fragmento afilado y delgado de un hueso o piedra.

ESQUIVO. Desdeñoso.

ESTACHA. Cuerda.

ESTAR AJENO A. No darse cuenta de algo.

ESTALLAR. Explotar.

ESTANCIA. Habitación.

ESTIÉRCOL. Excremento de animales.

ESTREMECERSE. Temblar.

ESTRIBAR. Consistir.

ESTRIBOR. Parte derecha del barco.

ESTRUJAR. Apretar fuertemente.

EVENTUALIDAD. Hecho posible.

EVOLUCIONES. Movimientos.

EXPEDITIVO. Decidido, rápido.

EXPUGNAR. Conquistar.

EXTENUADO. Muy cansado.

EXTERNOS. Los estudiantes que no dormían en el colegio, a diferencia de los «internos».

FACCIONES. Rasgos de la cara.

FAENA. Traje de trabajo.

FANAL. Cubierta para proteger lámparas.

FAROLEAR. En los juegos de cartas fingir que se lleva una jugada de más valor que el verdadero.

FATUAMENTE. De manera exagerada, vana.

FAUCE. Interior de la boca de un animal grande.

FÉRETRO. Caja donde se transportan los difuntos.

FIAR. Permitir no pagar.

FILA india. Fila de a uno.

FILO. Borde cortante.

FINTA. Quiebro, movimiento súbito en carrera para esquivar o escapar.

FIRMAMENTO. El cielo nocturno estrellado.

FLAMANTE. Elegante, hermosa.

FONDÓN. Obeso.

FORASTERO. Persona de fuera.

FORCEJEO. Lucha.

FORMALMENTE. Correctamente.

FORNIDO. Fuerte.

FORÚNCULO. Inflamación producida por una infección.

FRAGOR. Gran ruido.

FRANJA. Raya gruesa, banda.

FRANQUEAR. Cruzar.

FRASCO. Recipiente de cristal.

FRENÉTICO. Furioso.

FRESNO. «Árbol de la familia de las Oleáceas, con tronco grueso, de 25 a 30 m de altura, corteza ceniciento y muy ramoso; hojas compuestas de hojuelas sentadas, elípticas, agudas en el ápice y con dientes marginales; flores pequeñas, blanquecinas, en panojas cortas, primero erguidas y al final colgantes, y fruto seco con ala membranosa y semilla elipsoidal» (*DRAE*).

FRIOLERA (la friolera de). Para expresar una cantidad alta de años y lo rápido que pasa el tiempo.

FRIOLENTO. Frío.

FRIURA. Temperatura muy fría.

FRONDA. Vegetación tupida.

FRUICIÓN. Gusto intenso.

FRUNCIDO. Arrugado.

FUEGO fatuo. «Inflamación de ciertas materias que se elevan de las sustancias animales o vegetales en putrefacción, y forman pequeñas llamas que se ven andar por el aire a poca distancia de la tierra, especialmente en los lugares pantanosos y en los cementerios» (*DRAE*).

FUERA de. Excepto.

FUGITIVO. Que escapa.

FUMOSO. Que echa humo.

FUNERARIO. Relativo a la muerte, entierros.

FURTIVO. Cazador ilegal.

FUSTIGADO. Golpeado, castigado.

GALGO. Raza de perro muy delgado y veloz.

GALGUERO. Encargado de los galgos.

GANCHITO. Modalidad de caza al ojeo con pocos medios.

GÁRGARAS. Sonido gutural.

GARITA. Torre pequeña para los centinelas que vigilan en fuertes y cuarteles.

GÁSTRICA. Estomacal.

GATEAR. Moverse con sigilo, como los gatos.

GLOBOS oculares. Interior de los ojos.

GOLONDRINA. Pájaro muy común en España desde principio de la primavera hasta fines de verano, que emigra en busca de países templados. Tiene unos 15 cm desde la cabeza a la extremidad de la cola, pico negro, frente y barba rojizas, cuerpo negro azulado por encima y blanco por debajo, alas puntiagudas y cola larga y muy ahorquillada.

GOLPETEO. Golpes repetidos.

GORRIÓN. Pájaro de unos 12 cm desde la cabeza a la extremidad de la cola, con el pico fuerte, cónico y algo doblado en la punta, de color pardo en la cabeza y castaño en el resto del cuerpo, pero con manchas negras y rojizas y ceniciento en el vientre. Suele habitar en las ciudades y es muy abundante en España.

GOZOSO. Alegre.

GRABAR. Inscribir.

GRAJO. Pájaro muy parecido al cuervo.

GRANA. Color entre rojo y morado.

GRANAR. Producir el grano.

GREDA. Arcilla arenosa.

GRILLO CEBOLLERO. Insecto semejante al grillo pero de mayor tamaño, color dorado y con las patas delanteras parecidas a las manos del topo. Vive en los jardines y huertas, y es muy dañino para las plantas.

GRÚA. Máquina para mover cargas de gran peso o envergadura.

GRUÑIR. Hacer sonidos roncos de enojo.

GUANTADA. Golpe fuerte con la mano.

GUARDAGUJAS. Encargado de controlar los cambios de dirección de las vías de tren.

GUARDAMANOS. Parte que protege las manos.

GUARDERÍA. Lugar para criar animales para la caza.

GUERRILLA. Grupo poco numeroso.

GUIJARRO. Piedra pequeña.

GUIÑAR. Cerrar brevemente el ojo en gesto de complicidad.

GURRIATO. Pollo del gorrión.

GUSANO. Invertebrado que se usa para cebo.

HACENDOSA. Buena ama de casa.

HACER trizas. Romper en muchos pedazos.

HACHONES. Velas altas.

HASTÍO. Falta de interés o apetito.

HATILLO. Hato pequeño, bolsa improvisada con una camisa o ropa y unos nudos.

HAZ (pl. haces). «Porción atada de mieses, lino, hierbas, leña u otras cosas semejantes» (*DRAE*).

HEDIONDO. Que huele mal.

HENDIR. Incidir, cortar.

HERRADURA. Con forma del hierro que se clava en los cascos de los caballos.

HERRUMBRE. Efecto de la oxidación.

HERRUMBROSO. Con herrumbre, oxidado.

HIDRO. Hidroavión.

HITO. Señal, posible marca de referencia.

HOGAREÑA. Que le gusta el hogar.

HOJALATA. Lámina de hierro o acero, estañada por ambas caras.

Holgada. Ancha, grande.

HOLLADO. Pisado, aplastado.

HORADADO. Con agujero.

HORCAJADAS (a). A caballo.

HOLGAZÁN. Perezoso.

HORADADO. Con agujeros.

HORQUILLA. Horca, instrumento agrícola; un palo terminado en dos o más puntas.

HORRÍSONO. Que suena horrible.

HOSCO. De malas maneras.

HUEBRA. «Par de mulas y mozo para trabajar un día entero» (*DRAE*).

HUNDIRSE. Irse hacia el fondo.

HUNTER inglés. Variedad de perro de caza.

HURGAR. Revolver, clavar.

IGUALÓN. Ave cercana al tamaño de los padres.

IMBERBE. Sin barba, es decir, demasiado niño.

IMBUIR. Dar.

IMPACIENTARSE. Ponerse nervioso.

IMPASIBLE. Que no se altera.

IMPÁVIDO. Sin alterarse, sin emoción.

IMPOTENTE. Incapaz.

IMPÚDICAMENTE. Sin pudor, abiertamente.

IMPUNE. Sin castigo.

INCLUSERO. Recogido en la Inclusa, hogar para huérfanos y niños abandonados.

INCONSECUENTE. Ilógico.

INCORPORARSE. Levantarse.

INDAGAR. Investigar.

INDESCIFRABLE. Imposible de entender.

INDUMENTARIA. Ropa.

INGENIO. Artefacto mecánico.

INGRESO. Entrada, inicio.

INHÓSPITO. Poco acogedor.

INMUTARSE. Moverse, alterarse.

INSENSATO. Que no reflexiona lo suficiente antes de actuar.

INSOLENTE. Mal educado, grosero.

INSTAR. Insistir.

INSTIGAR. Provocar.

INTERCESOR. El que intercede, habla a favor una persona.

INVERNAR. Pasar el invierno.

INVEROSÍMILMENTE. De modo poco probable.

IRIDISCENTE. Con destellos de colores.

IRSE (Alguien se ha ido). Alguien ha expulsado gas, un pedo.

IZAR. Subir.

JACTANCIOSO. Presumido, excesivamente orgulloso.

JADEAR. Respirar agitadamente.

JALÓN. Hito.

JARA. Arbusto siempre verde, con ramas de color pardo rojizo, de uno a dos metros de altura. Abunda en los montes del centro y mediodía de España.

JARRILLA. Pieza de cristal usada como aislante en los postes del tendido eléctrico.

JERGÓN. Cama pobre.

JORCO. Fiesta de pueblo.

JUNCO. Planta con tallos de 60 a 80 cm de largo, lisos, cilíndricos, flexibles, puntiagudos y duros, de color verde oscuro por fuera y esponjosos y blancos en el interior. Se cría en parajes húmedos.

JURAR. Prometer solemnemente.

LACERO. Cazador con lazo, muchas veces furtivo.

LABRARSE un porvenir. Hacerse un futuro.

LACÓNICO. De pocas palabras.

LADERA. Lateral de un monte.

LADRIDO. Voz fuerte del perro.

LAGAR. Recipiente para pisar la uva.

LANCHERO. Trampero en la caza de perdices.

LÁPIDA. Piedra en las tumbas con inscripción.

LARGARSE. Irse.

LASTIMAR. Hacer daño.

LASTRE. Peso, carga innecesaria.

LATIR. Movimiento, sonido rítmico del corazón.

LEBREL. Variedad de perro de caza.

LECHO. Cama.

LECHO. Fondo.

LEGUA. Medida variable según los países o regiones, definida por el camino que regularmente se anda en una hora, y que en el antiguo sistema español equivale a 5.572,7 metros.

LENTITUD. Calma, falta de velocidad.

LEVE. Ligero, suave.

LIENZO. Superficie pintada.

LIAR. Enrollar, preparar un cigarrillo.

LIGA. Masa hecha con una planta (muérdago) para cazar pájaros.

LIGAR. Recibir buenas cartas.

LINDE. Línea que delimita un terreno.

LISTADO. A listas, rayas.

LITERA. Cama pequeña.

LLENAR el ojo. Gustar mucho.

LOCUAZ. Que habla mucho.

LOMBRIZ. Gusano que se usa como cebo para la pesca.

LONGEVO. De larga vida.

LOMILLA. Pequeña elevación del terreno.

LOOR. Honor, elogio.

LORO. Color marrón muy oscuro.

LUCIÉRNAGA. Insecto que emite luz.

LUCIDEZ. Razón, claridad de ideas.

LUCIO. Pez semejante a la perca, de cerca de metro y medio de largo, cabeza apuntada, cuerpo comprimido de color verdoso con rayas verticales pardas, aletas fuertes y cola triangular. Vive en los ríos y lagos, se alimenta de peces y ranas y su carne es grasa, blanca y muy estimada.

LÚGUBRE. Muy triste, sombrío.

LUNAR. Marca negra.

LUSTRE. Brillo.

LUTO (de). Ropa, negra, comportamientos y actitudes tras la muerte de un familiar.

MACABRO. Fealdad escatológica.

MAGISTERIO. Enseñanzas.

MAJUELO. Viña.

MALEABLE. Fácil de moldear.

MALGASTAR. Hacer un gasto innecesario.

MALROTAR. «Estropear, malgastar» (Urdiales Yuste, 2006).

MALVA. Planta de tallo áspero y flores moradas.

MAMAR. Alimentarse del pecho materno.

MAMPARO. Tabla para dividir compartimentos.

MANCILLADO. Asaltado sexualmente.

MANCHA. Señal de distinto color.

MANDÍBULA. Huesos de la cara articulados para el movimiento de la boca.

MANGA. Ancho del barco.

MANTA (a manta). Forma especial de disponer los surcos para el cultivo.

MAQUINISTA. Conductor.

MAR de fondo. Agitación en el fondo de las aguas.

MARAÑA. Confusión, enredado.

MARCIAL. De aspecto militar.

MARRANO. Cerdo.

MARTILLO. Herramienta para golpear.

MASTÍN. Perro de gran tamaño.

MATACABRAS. Viento fuerte del norte.

MATACÁN. Liebre que ha escapado de los perros y adquiere habilidad para volver a hacerlo.

MATAR el rato. Pasar el tiempo.

MATAR en las cartas. Echar una de más valor para ganar la baza.

MATE. Sin brillo, aplastado.

MATIZ. Rasgo ligero.

MATO. Grupo de matas, plantas bajas y leñosas.

MAZAZO. Golpe, impresión muy fuerte.

MEDIA caña (bota de). Bota ajustada que sube casi hasta la rodilla.

MEDRAR. Prosperar.

MEJILLA. Lateral de la cara.

MELLARSE. Abollarse por golpes.

MELONARES. Terreno donde se cultiva el melón.

MEMO. Idiota.

MENDA. Deíctico coloquial para referirse a un yo o a un tú.

MENDIGAR. Pedir dinero o ayuda por las calles o caminos.

MERMADO. Insulto: disminuido, persona de escasa entidad o valor.

MERODEAR. Moverse en torno a algo o alguien.

MEZQUINO. Innoble, pequeño.

MIES. Cereal.

MIMAR. Cuidar.

MIRAMIENTO. Consideración, dilación.

MIRILLA. Orificio para mirar.

MOCOSO. Niño de poca edad, con cierta connotación despectiva.

MODISTILLA. Diminutivo de modista, mujer que cose la ropa, suele entenderse por mujer humilde y de aparente poca personalidad y categoría social.

MOHOSO. Con una capa de herrumbre, oxidado.

MOLER. Machacar el grano para hacer harina.

MOLESTIA. Incomodidad.

MOLLAR. Blando.

MONDO. Liso.

MONSERGA. Palabra confusa o inútil.

MOQUILLO. Enfermedad de gatos y perros.

MORDISQUEAR. Morder sin intención de quebrar.

MORRAL. Saco para llevar colgado al hombro.

MORRO. Monte pequeño o roca que sobresale.

MUECA. Expresión facial.

MUELLE. Zona de embarque y desembarque de un puerto.

MUESCA. Marca, incisión.

MUESTRA. «Detención que hace el perro en acecho de la caza para levantarla a su tiempo» (*DRAE*).

MUGRE. Suciedad.

MUSITAR. Hablar entre labios.

MUSLO. Pierna.

NAIPE. Carta para el juego.

NATURAL (ser de). Tener una personalidad.

NAVA. Zona llana, sin vegetación, a veces pantanosa.

NIDO. Donde los pájaros ponen huevos y crían los pollos.

NOCHE cerrada. A hora avanzada de la noche.

NOGALA. Nogal. Árbol de unos quince metros de altura, con tronco corto y robusto, del cual salen gruesas y vigorosas ramas para formar una copa grande y redondeada. Su madera, dura y de color pardo rojizo, es muy apreciada en ebanistería.

NORTE. Viento del norte.

NOTARÍA. Oficina del notario.

NUCA. Zona posterior de la cabeza.

NUEZ. Fruto del nogal.

NUTRIDO. Abundante.

OBRA. Maquinaria, chimeneas, aparejos.

OBSEQUIAR. Regalar.

OBSTINARSE. Querer o creer algo con gran vehemencia y no aceptar una posibilidad contraria.

OCRE. Color entre el marrón y el amarillo.

OFICIO. Trabajo.

OFUSCARSE. Confundirse.

OJEO. Cazar haciendo ruido para que se levanten las piezas que se quieren cobrar.

OJO DE BUEY. Ventana de los barcos.

OLFATEAR. Oler.

OLLA. Útil para guisar.

OLMO. Árbol que alcanza los veinte metros, con tronco robusto y derecho, de corteza gruesa y resquebrajada y copa ancha y espesa. Abunda en España, es buen árbol de sombra y de excelente madera.

OPACIDAD. Lo contrario de transparencia.

OQUEDADES. Huecos, agujeros.

OREAR. Airear.

ORIFICIO. Agujero.

OSARSE. Atreverse.

OSTIAL. Entrada del puerto.

OTERO. «Cerro aislado que domina un llano» (*DRAE*).

OTORRINOLARINGÓLOGO. Médico de garganta, nariz y oído.

OTRO TANTO. Lo mismo.

OVA. Alga.

PACOTILLA. Cargamento que no hay que pagar.

PAJERO. Lugar donde se guarda paja.

PALANCA. Mecanismo para activar alguna función en una máquina.

PALETILLAS. Omóplatos.

PALMADA. Golpe con la palma de la mano.

PALMARIO. Evidente.

PALMO. Medida de la mano abierta.

PALOMAR. Lugar para criar palomas.

PALPAR. Tocar y retocar con las manos.

PANA. «Tela gruesa semejante al terciopelo, que puede ser lisa o con hendiduras generalmente verticales» (*DRAE*).

PANTORRILLA. Parte inferior de la pierna.

PÁRAMO. Terreno plano sin vegetación y desabrigado.

PARCHEADOS. Remendados con parches para tapar agujeros.

PARDILLA. Perdiz pardilla. Muy parecida a la perdiz común, pero tiene el pico y las patas de color gris verdoso y el plumaje amarillento rojizo en la cabeza, gris con rayas negras en el cuello y pecho, y manchado de pardo castaño en medio del abdomen. Es la especie más común en Europa y la que más abunda en el norte de España.

PAREAR. Situarse a la misma altura, al lado de.

PARPADEAR. Mover los párpados.

PARRA. Vid levantada.

PARSIMONIOSAMENTE. Sin prisa.

PASCUAS. Situación, período fácil.

PASODOBLE. Música con ritmo de marcha y baile para esa música, uno de los más populares en las ferias populares españolas.

PATENA. Pequeño plato de oro o plata que se usa en la misa.

PAVOR. Terror.

PECHUGA. Pecho de pájaro o ave.

PELDAÑO. Escalón.

PELLA. Masa.

PELLIZA. Abrigo grueso de piel.

PELOTA CHINA. Pelota con una cuerda que se lanza y vuelve al que la lanzó.

PENDER. Colgar, estar suspendidas.

PENSIÓN. Casa para hospedarse durante estancias prolongadas.

PERCHA. Piezas cobradas en la caza.

PERDEDERO. Lugar por donde se escapa la liebre que se persigue.

PERDICERO. Que sabe de perdices.

PERDIDO. «Lugar que no está comunicado ni por veredas, caminos, etc.» (Urdiales Yuste, 2006).

PERDIGÓN. Munición para el rifle.

PERDIGÓN. Pollo de la perdiz.

PERDIGUERO. Perro para la caza de perdices.

PERDIZ. Ave gallinácea, de hasta 40 cm de longitud y 50 de envergadura, con cuerpo grueso, cuello corto, cabeza pequeña, pico y pies encarnados y plumaje de color ceniciento rojizo en las partes superiores, más vivo en la cabeza y cuello, blanco con un collar negro, azulado con manchas negras en el pecho y rojo amarillento en el abdomen. Es abundante en España. Anda más que vuela, y su carne es muy estimada.

PERENTORIO. Urgente.

PERIQUETE (en un). En muy poco tiempo.

PERNALA. «Piedras que se insertan en el trillo» (Urdiales Yuste, 2006: 184).

PERNERA. Pierna del pantalón.

PEROLAS. Recipientes, contenedores.

PERPLEJO. Inmovilizado por la sorpresa.

PERRERÍA. Acción deplorable.

PERSIGNARSE. Hacer la señal de la cruz.

PERTURBADO. Con problemas mentales.

PERVIVIR. Continuar viviendo.

PESETA. Moneda oficial de España hasta la adopción del euro.

PESQUERA. Presa; zona de pesca.

PETACA. Estuche para guardar tabaco.

PIAN PIANITO. Despacio, discretamente.

PIAR. Sonido de los pájaros.

PÍCARO. Travieso, malicioso.

PICARSE. En los animales: mostrar deseo sexual, de actividad, de comer; morder.

PICHÓN. Pollo de la paloma.

PIEZA. Habitación.

PIMPOLLADA. Sitio con nuevos árboles.

PINOCHA. Hoja del pino.

PIROTÉCNICO. Experto en fuegos artificiales.

PISCÍCOLA. De peces.

PISTÓN. Parte del fusil que detona la munición.

PLANICIE. Llanura.

PLANTARSE. Colocarse.

PLATA. Dinero.

PLATO (gorra de). Gorra plana con visera.

PLEBEYO. Persona de clase baja.

PLETÓRICO. Exultante.

PLUMA. Parte de una grúa, máquina articulada para la construcción.

PODENCO. Perro pequeño y fuerte muy bueno para la caza.

PÓLVORA. Polvo granulado explosivo.

POLLADA. Conjunto de crías ave.

POLLEAR. Comportarse como jóvenes.

POMADA del Perú. Crema balsámica.

POMO. Parte que sobresale del pestillo para abrir la puerta.

PORFIAR. Luchar.

PORQUERÍA. Suciedad, basura.

PORTAFUSIL. «Correa que pasa por dos anillos que tienen el fusil y otras armas de fuego semejantes y sirve para echarlas a la espalda, dejándolas colgadas del hombro» (*DRAE*).

POSADERAS. Trasero.

POSAR. Poner.

POTINGUES. Maquillaje, poción, con significado despectivo.

PRACTICANTES. Los que ponen las inyecciones, que esterilizaban en alcohol.

PRECIPITADO. Impaciente, rápido.

PREMEDITADO. Planeado con antelación.

PRENDIDO. Cogido, agarrado.

PRESA. Animal cazado.

PRESCINDIR. No usar.

PRESENTIR. Adivinar, saber con antelación.

PRIMOGÉNITO. El hijo mayor.

PRINGOSO. Grasiento, sucio.

PROHOMBRES. Hombres importantes.

PROA. Parte delantera del barco.

PROEZA. Hecho heroico.

PROPINAR. Dar.

PROSCRIPCIÓN. Prohibición.

PRURITO. Deseo incontenible.

PSORIASIS. Enfermedad de la piel de efectos similares al eczema.

PÚA. Hoja terminada en punta.

PUCHERO. Cazo para cocinar.

PULCRITUD. Limpieza.

PULGAR. Dedo gordo.

PUNTA (una punta de). Un poco de.

PUNTAL. Altura del barco.

PUNTAPIÉ. Golpe con el pie.

PUNTERÍA. Habilidad para acertar el objetivo con armas de fuego.

PUNTILLOSO. Intenso, centrado.

PUNTO (un punto de). Un poco de.

PURIDAD (En puridad). Realmente, siendo precisos.

QUEHACER. Obligación, tarea.

QUEBRADO. Roto.

QUEDO. Silencioso, tranquilo, estático.

QUIEBRO. Movimiento súbito en carrera para esquivar o escapar.

QUITAMERIENDAS. Especie de planta.

RABILLO. Ángulo inferior del ojo.

RABO (cazar a). Cazar la perdiz con perro.

RÁFAGA. Rayo.

RAÍDO. Desgastado, muy usado.

RAJA. Abertura lineal en una superficie.

RALO. Poco tupido, compacto.

RAPADO. Sin pelo.

RAPAZ. Muchacho.

RAPOSO. Zorro.

RASCARSE. Frotarse la piel con las uñas.

RASTREAR. Seguir el rastro.

RASTROJO. Residuo que queda en el campo después de cosechar.

RAUDO. Rápido.

RAYANO. Que limita.

REAL. 25 céntimos de peseta.

REBULLIRSE. Moverse.

RECELO. Desconfianza.

RECLAMO. Instrumento para imitar la voz de las aves que se cazan.

RECODO. Curva pronunciada de un camino.

RECOMPENSAR. Premiar.

RECONVENIR. Criticar, regañar.

RECOSTAR. Apoyar, poner.

RECULAR. Ir hacia atrás.

RECRÍA. Relacionado con el fomento el desarrollo de una especie.

REFILÓN (de). De lado.

REGAÑAR. Amonestar, reconvenir.

REGATEAR. Hacer movimientos súbitos en carrera para esquivar o escapar.

REGATO. Pequeña corriente de agua.

REGISTRO. Oficina pública para el registro de información relativa a personas y propiedades.

REGLA DE TRES (por esa). Lógica, razonamiento.

REGODEO. Disfrute dilatado.

REGUSTO. Sabor.

REHACERSE. Recuperarse.

RELEJE. Carril o surco.

RELENTE. Frescor húmedo.

RELIEVE. Importancia.

REMANGAR. Subir las mangas enrollándolas o doblándolas.

REMANSO. Zona de poca corriente.

REMENDAR. Arreglar la ropa gastada con tela, hilo.

REMO. Pala para hacer avanzar una barca.

REMOLCADOR. Barco que arrastra.

REMOLINO. Movimiento giratorio rápido.

RENEGRIDA. Que se ha ido ensuciando, adquiriendo color negro.

REOJO (observar de). Mirar disimuladamente.

REPARAR. Notar, advertir.

REPISA. Estante que sirve de soporte.

REPORTARSE. Reprimirse, moderarse.

REPOSAR. Descansar.

REPOSTERO. Cocinero especialista en dulces.

REPRESA. Construcción para regular las corrientes de agua.

REPRESIÓN. Control, contención.

REPROCHE. Recriminación.

REPUGNAR. Producir repulsión.

RESERVÓN. Introvertido.

RESABIARSE. Adquirir malas costumbres.

RESORTE. Mecanismo.

RESPALDO. Parte de la silla para apoyar la espalda.

RESTAR. Quedar.

RESUELLO. Respiración.

RETEJAR. Arreglar el tejado.

RETEL. Instrumento para la pesca, con redes.

RETRANCA. Detrás de la primera línea.

RETUMBAR. Resonar.

RETUMBO. Ruido muy fuerte.

REVENTADO. Explotado.

REVERBERAR. Reflejarse la luz.

REZAGADO. Retrasado.

RIBAZO. Zona elevada e inclinada.

RIBERA. Zona adyacente a un río.

RODEO. Desvío, que no va directo.

ROER. Quitar con los dientes la carne del hueso.

ROMPER A. Empezar a.

RONCAR. Sonido gutural que acompaña la respiración de algunas personas durante el sueño.

RONCERO. Perezoso, lento.

RUBOR. Vergüenza.

RUFO. Rizado; rubio.

RUTILANTE. Brillante.

SABIENDAS (a). Conscientemente, con intención, adrede.

SACIEDAD. Cansancio por la hartura o la repetición de algo.

SACRISTÁN. Persona que ayuda al sacerdote en la iglesia.

SACUDIR. Descargar, soltar.

SALITRE. Sustancia salina que se pega a las superficies en contacto con agua y sal.

SALPULLIDO. Sarpullido, inflamación de la piel.

SANSEACABÓ. Expresión para cerrar definitivamente una declaración o discusión.

SANTIGUARSE. Hacer la señal de la cruz.

SANTORAL. Lista de los santos.

SARNA. Enfermedad de la piel que produce un picor intenso.

SAUCE. Árbol de unos veinte metros de altura, de tronco grueso y muchas ramas que cuelgan hasta el suelo. Es común en las orillas de los ríos.

SAYA. Falda.

SEDAL. Hilo para pescar.

SEDENTARIO. Que no viaja o se desplaza, opuesto a nómada.

SEGAR. Cortar la mies o la hierba.

SEMENTERA. Temporada de siembra.

SEMICORBATO. Galgo de piel oscura con algo de color blanco.

SENTAR CÁTEDRA. Hablar con autoridad, con intención de declaración definitiva.

SENTAR PLAZA. Empezar el servicio militar.

SENTENCIOSO. Persona que habla con abundancia de sentencias, refranes, enseñanzas.

SENTINA. Parte inferior del barco.

SEÑA. Señales establecidas para comunicarse con la pareja al jugar a las cartas.

SEÑORITINGO. Referencia despectiva a un hombre de clase alta.

SERVICIAL. Que ayuda mucho.

SIEN. Laterales de la frente.

SIGILOSO. Silencioso.

SILBATO. Instrumento que produce un pitido cuando se sopla en él.

SILLÍN. Asiento de la bicicleta.

SILUETA. Contorno del cuerpo.

SINO. Destino.

SIQUIERA. Aunque.

SOBRAR. Resultar un excedente de algo.

SOBRE. Además.

SOBRECOGER. Causar sorpresa o miedo.

SOBREPONERSE. Recuperarse.

SOCARRÓN. Burlón.

SOLDADA. Salario.

SOLLADO. Zona inferior del barco, con habitaciones.

SONADO. Que causa impacto.

SOPAPOS. Golpes.

SONIDO. «Flor amarilla» (Urdiales Yuste, 2006).

SORDIDEZ. Suciedad, inmundicia.

SOTO. Lugar con árboles y plantas, a veces junto a un río.

SÚBITO (de). De repente.

SUCEDÁNEO. Derivado, sucesor.

SUGESTIÓN. Dominio de la voluntad de otra persona.

SUMISO. Obediente, dócil.

SUPERPONER. Poner encima.

SURGIR. Aparecer.

TÁBANO. Insecto que pica.

TABIQUE. Pared delgada que separa dos cuartos.

TABURETE. Pequeño asiento sin respaldo.

TACITURNO. Poco hablador.

TACO. Comida ligera entre horas.

TAIMADO. Listo y disimulado.

TALLER. Donde se reparan cosas mecánicas.

TALLO. Parte intermedia de una planta.

TAMAÑO. Tal.

TANTEAR. Tocar para determinar algo.

TAQUILLA. Armario pequeño.

TARADO. Estropeado.

TARANGALLO. «Palo como de medio metro de largo, que en tiempo de la cría de la caza se pone pendiente del collar a los perros de los ganados que pastan en los cotos, para que no puedan bajar la cabeza hasta el suelo» (*DRAE*).

TARAREAR. Cantar una canción de manera aproximada.

TASAJO. Pedazo de carne salada para conservarla.

TASCA. Bar de poca categoría o tamaño.

TAZADO. Gastado.

TEMPERO. Condiciones adecuadas del terreno para la siembra.

TEMPORAL. Tiempo tormentoso en la mar.

TENAZA. Herramienta semejante a una tijera para sujetar y sacar clavos.

TENCA. Pez de agua dulce, de unos 30 cm de largo, con el cuerpo verdoso por encima y blanquecino por debajo, cabeza pequeña, aletas débiles y cola poco ahorquillada. Prefiere las aguas estancadas, y su carne es blanca y sabrosa, pero está llena de espinas y suele tener sabor a tierra.

TENDIDO. Cables de la línea eléctrica.

TENDIDO. Acostado.

TERCIAR. Intervenir en la conversación.

TÉRMINO. Zona.

TERRATENIENTE. Gran propietario de terrenos.

TERRÓN. Pedazos compactos de tierra.

TERSO. Liso.

TESO. «Colina baja que tiene alguna extensión llana en la cima» (*DRAE*).

TIBIO. Templado.

TIBURÓN. Pez escuálido famoso por su voracidad.

TILA. Bebida tranquilizante de infusión de hojas de tilo en agua caliente.

TIMBRE. Sonido metálico.

TIMÓN. Instrumento para manejar el barco.

TINAS. Grandes recipientes para líquidos.

TIRACHINAS. Tiragomas, goma atada a un palo con forma de Y para lanzar «chinas» (piedras pequeñas).

TIRAGOMAS. Tirachinas.

TIRAR A DAR. Disparar con intención de acertar, no sólo de espantar.

TIRAR (de). Sacar.

TIRAR (oler que tira para atrás). Intenso mal olor.

TÍTERE. Marioneta, muñeco.

TITUBEAR. Dudar, vacilar.

TOLDILLA. Cubierta.

TOLLO. Lugar para esconderse.

TOMILLO. Planta aromática y leñosa que se usa como especia y como tónico.

TOPARSE. Encontrarse.

TOPE. Límite.

TORDAS. Hembra del tordo, pájaro de unos 24 cm de largo y cuerpo grueso, pico delgado y negro, lomo gris aceitunado y vientre blanco amarillento con manchas pardas redondas o triangulares.

TORVO. Amenazante.

TOSCA. Poco refinada.

TRABA. Impedimento, dificultad.

TRABUCO. Escopeta corta.

TRAGO. Un poco de bebida.

TRALLAZO. Ruido violento.

TRANCAR. Cerrar.

TRASCENDER. Hacerse público.

TRANCE. Momento clave.

TRANSIGIR. Aceptar.

TRASTO. Objeto inútil o viejo.

TRASTORNAR. Conmover, inquietar.

TRÉMOLO. Tono, sonido repetido.

TRILLA. Trillo.

TRILLO. Instrumento para separar el grano de la paja.

TRISAGIO. «Himno en honor de la Santísima Trinidad, en el cual se repite tres veces la palabra santo» (*DRAE*).

TRITURAR. Moler, hacer polvo.

TRIUNFO. Carta del palo que manda en la jugada, de mayor valor que los otros.

TROCHA. Camino abierto en un paraje intrincado.

TROMPICAR. Tropezar.

TRUEQUE. Intercambio, negocio.

TUFO. Mal olor.

TURÓN. Alimaña que despide mal olor.

ULTRAJADO. Injuriado, atacado.

ULULAR. Sonido del viento.

UNCIÓN. Devoción.

UÑA (a uña de caballo). Muy deprisa.

UROGALLO. Ave gallinácea, de unos 80 cm de largo y 15 de envergadura, con plumaje pardo negruzco y manchas grises, patas y pico negros y cola redonda. Vive en los bosques, y en la época del celo da gritos roncos algo semejantes al mugido del uro.

URRACA. Pájaro de medio metro de largo y unos 60 cm de envergadura, con pico y pies negruzcos. Tiene el plumaje blanco en el vientre y el arranque de las alas, y negro con reflejos metálicos en el resto del cuerpo. Abunda en España, se domestica con facilidad, es vocinglero, remeda palabras y trozos cortos de música, y suele llevarse al nido objetos pequeños, sobre todo si son brillantes.

VACILAR. Dudar.

VAGUADA. «Línea que marca la parte más honda de un valle, y es el camino por donde van las aguas de las corrientes naturales» (*DRAE*).

VAHO. Vapor.

VAIVÉN. Movimiento oscilante.

VANIDOSO. Arrogante.

VARILLA. Pequeña alambre o palo.

VECINDAD. Las proximidades.

VEDADO. Campo cerrado.

VELADAMENTE. De manera indirecta.

VELLUDO. Con vello, peludo.

VENATORIO. Relativo a la caza.

VENCEJO. Pájaro de unos 20 cm de longitud desde la punta del pico hasta la extremidad de la cola, que es muy larga y ahorquillada. Tiene alas también largas y puntiagudas, plumaje blanco en la garganta y negro en el resto del cuerpo, pies cortos, con cuatro dedos dirigidos todos adelante, y pico pequeño algo encorvado en la punta. Se alimenta de insectos y anida en los aleros de los tejados.

VENCIDO. Torcido.

VENDAVAL. Viento fuerte.

VENIA. Permiso.

VENIR a pelo. Convenir, ser muy adecuado.

VENTILAR. Airear.

VENTURA. Felicidad.

VER cartas. Aceptar la apuesta.

VERBIGRACIA. Por ejemplo.

VERDEGUEAR. Ponerse de color verde.

VERDEJO. Vino blanco de uva verdeja.

VERDUGO. El que lleva a cabo la ejecución a muerte.

VEREDA. Camino o sendero.

VERDÍN. Capa verde de plantas en las aguas que no corren.

VERTER. Echar.

VETA. Franja de alguna materia que destaca del entorno.

VIL. Despreciable.

VIVERO. Criadero de peces.

VOCEAR. Gritar.

VOCIFERAR. Dar gritos.

VORAZ. Con gran apetito.

VUELO. Parte no ajustada, que sobresale.

YACIMIENTO. Lugar donde hay naturalmente alguna materia mineral.

YEMA. Primer brote del fruto.

YEMA. Reverso de las uñas, en la punta de los dedos de la mano.

YERBAJOS. Malas hierbas.

YERMO. Zona sin cultivar o sin habitar.

ZAFARSE. Escapar.

ZAGUÁN. Espacio de entrada de algunas casas.

ZAMBO. De rodillas juntas y piernas separadas hacia fuera.

ZAMBULLIRSE. Sumergirse.

ZAMPAR. Comer.

ZANCADA. Paso.

ZANCOS. Juego de equilibrio andando con palos altos atados a las piernas.

ZORRO. Muy listo.

ZUECOS. Zapatos de madera.

ZUMBAR. Hacer un sonido continuo, como el de las abejas.

ZURRÓN. Saco pequeño colgado al hombro.

Propuestas de trabajo en clase

Viejas historias de Castilla la Vieja

1. Identificar las referencias temporales a la peripecia del narrador en las distintas secciones, reconstruyendo la cronología de su historia y el momento que en ella ocupa el momento en el que nos habla.

2. Seleccionar uno de los personajes del relato que aparecen en varias secciones y componer un retrato del mismo.

3. En *Castilla, lo castellano y los castellanos*, Miguel Delibes establece 19 secciones dedicadas a otros tantos temas esenciales para comprender esa tierra y sus hombres. Esos temas son: el paisaje castellano, la dependencia del cielo, la religiosidad, el mundo de la ciudad y el del campo, la filosofía socarrona, el apego a la tierra, la humanización de los animales, el individualismo, la laboriosidad, las rencillas, los cazadores y pescadores, la desconfianza y

la hospitalidad, el fatalismo, la picaresca, las danzas y canciones, los apodos y los días, el éxodo o la emigración y la actitud ante el progreso. Seleccionar alguno de estos temas y explicar cómo aparece en el texto.

4. La caza es un lugar de encuentro entre el campo y la ciudad, pero también de violencia y muerte. Puede verse alguna película basada en el tema y comentar el papel de la caza como catalizador de distintas tensiones políticas, sociales o ancestrales en España y en Miguel Delibes. Entre las posibles películas, *La caza*, de Carlos Saura, *Furtivos*, de José Luis Borau, y *Los santos inocentes* de Mario Camus.

5. Algunos de los grabados y fotografías que acompañaban las primeras ediciones del libro pueden localizarse en la Red. Las tres páginas siguientes incluyen fotografías e información sobre la Tierra de Campos.

    www.tierradecampos.com
    http://www.cdrtcampos.es/tierradecampos/
    http://www.turwl.com/centro/campos/

    Buscar información e imágenes y comentar su relación con el texto de Delibes.

6. ¿Es cierta la afirmación de que *Viejas historias* es una novela corta? Justificar la respuesta prestando atención especialmente a los elementos de cohesión entre las distintas secuencias.

«LA MORTAJA»

1. ¿Parece acertada la inclusión de «La mortaja» en una serie titulada *Los estragos del tiempo*?

2. ¿Hay en la historia una maduración progresiva de Senderines o se trata de un cambio súbito?

3. ¿Cómo se representa el choque entre fantasía y realidad en el relato?

4. Analizar los mecanismos de caracterización de los distintos personajes.

5. Ordenar los acontecimientos de la historia de manera cronológica.

6. Realizar y justificar un «cásting» con director, guionistas, actores y auxiliares para una hipotética versión cinematográfica de «La mortaja». Decidir y explicar también si la ambientación de lugar y época debe mantenerse fiel al texto de Delibes o si debe cambiarse.

«LA PARTIDA»

1. Seleccionar dos de los personajes del relato y establecer sus historias y su relación con el protagonista.

> Luis el repostero
> Jesús Beardo, maquinista
> Benito, contramaestre

Capitán
Marita
Padre
Raulito
Mari Luz
Miguel Páez, Valladolid

2. Repasar las distintas secuencias de la partida de póker y analizar cómo se va fraguando la desilusión del narrador.

3. Establecer dos grupos de episodios y elementos figurativos para cada uno de los dos sentidos de «la partida» comentados en la introducción.

4. Analizar la introducción y la caracterización de los distintos personajes de la historia.

5. ¿Cómo se representa el conflicto entre la realidad y los deseos en la historia?

PARA EL CONJUNTO DE LOS TEXTOS

1. ¿Cómo aparecen en las distintas historias los grandes temas de Delibes: naturaleza, infancia, muerte y el prójimo?

2. Analizar algunas de las variedades del «ritmo» de Delibes a través de las repeticiones y las variaciones de términos, estructuras y temas.

3. Seleccionar uno de los textos y explicar por qué parece de calidad superior a los demás.

4. Comparar la focalización de la narración en dos de los textos.

5. En los tres textos, ¿el personaje es el eje sobre el que giran todos los elementos narrativos, como afirma Delibes debe ser para la novela?

6. Hacer una lista de las palabras que designan «monte pequeño» en los distintos textos y escribir un comentario sobre las mismas. ¿A qué se debe la variedad de términos?

Bibliografía

OBRAS DE MIGUEL DELIBES: CRONOLOGÍA

1948: *La sombra del ciprés es alargada*. Barcelona: Destino.

1949: *Aún es de día*. Barcelona: Destino.

1950: *El camino*. Barcelona: Destino.

1953: *Mi idolatrado hijo Sisí*. Barcelona: Destino.

1954: *La partida (relatos)*. Barcelona: Luis de Caralt.

1955: *Diario de un cazador*. Barcelona: Destino.

1956: *Un novelista descubre América (Chile en el ojo ajeno)*. Madrid: Editora Nacional.

1957: *La Barbería*. Barcelona: Ediciones GP.

— *Siestas con viento sur*. Barcelona: Destino.

1958: *Diario de un emigrante*. Barcelona: Destino.

1959: *La hoja roja*. Barcelona: Destino.

1961: *Por esos mundos: Sudamérica con escala en Canarias*. Barcelona: Destino.

1962: *Las ratas*. Barcelona: Destino.

1963: *Europa: parada y fonda*. Madrid: Cid.

— *La caza de la perdiz roja*. Barcelona: Lumen.

1964: *El libro de la caza menor*. Barcelona: Destino.

— *Viejas historias de Castilla la Vieja*. Barcelona: Lumen.

— *La obra completa de Miguel Delibes*, vol. I. Barcelona: Destino. Contiene: «Prólogo» del autor; *La sombra del ciprés es alargada*; *El camino*; *Mi idolatro hijo Sisí*.

1966: *Cinco horas con Mario*. Barcelona: Destino.

— *USA y yo*. Barcelona: Destino.

— *La obra completa de Miguel Delibes,* vol. II. Barcelona: Destino. Contiene: «Prólogo» del autor; *Diario de cazador*; *Diario de un emigrante*; *La caza de la perdiz roja*; *Viejas historias de Castilla la Vieja*; *El libro de la caza menor*.

1968: *Diario de un emigrante*. Barcelona: Círculo de Lectores.

— *La primavera de Praga* (reed.): Madrid: Alianza Editorial.

— *Vivir al día*. Barcelona: Destino.

— *La obra completa de Miguel Delibes,* vol. III. Barcelona: Destino. Contiene: «Prólogo» del autor; *Aún es de día*; *La hoja roja*; *Las ratas*.

1969: *Parábola del náufrago*. Barcelona: Destino.

1970: *Con la escopeta al hombro*. Barcelona: Destino.

— *La mortaja*. Madrid: Alianza Editorial.

— *Mi mundo y el mundo*. Valladolid: Miñón.

— *La obra completa de Miguel Delibes,* vol. IV. Barcelona: Destino. Contiene: «Prólogo» del autor; *Por esos mundos*; *Europa: parada y fonda*; *USA y yo*; *La primavera de Praga*.

1972: *Castilla en mi obra*. Madrid: Magisterio Español.

— *La caza en España*. Barcelona: Destino.

— *Un año de mi vida*. Barcelona: Destino.

1973: *El príncipe destronado*. Barcelona: Destino.

1975: *Las guerras de nuestros antepasados*. Barcelona: Destino.

— *S.O.S. El sentido del progreso desde mi obra*. Barcelona: Destino.

— *La obra completa de Miguel Delibes,* vol. V. Barcelona: Destino. Contiene: *Vivir al día*; *Con la escopeta al hombro*; *Un año de mi vida*.

1977: *Aventuras, venturas y desventuras de un cazador a rabo*. Barcelona: Destino.

— *Mis amigas las truchas*. Barcelona: Destino.

— *Alegrías de la caza* (reed.): Barcelona: Destino.

1978: *El disputado voto del señor Cayo*. Barcelona: Destino.

1979: *Castilla, lo castellano y los castellanos*. Barcelona: Planeta.

— *Un mundo que agoniza*. Barcelona: Destino.

1980: *Dos días de caza*. Barcelona: Destino.

1981: *Cinco horas con Mario* (versión teatral): Madrid: Espasa-Calpe.

— *Las perdices del domingo*. Barcelona: Destino.

— *Los santos inocentes*. Barcelona: Planeta.

1982: *Dos viajes en automóvil: Suecia y Países Bajos*. Barcelona: Plaza & Janés.

— *El otro fútbol*. Barcelona: Destino.

— *Tres pájaros de cuenta*. Valladolid: Editorial Miñón.

1983: *Cartas de amor de un sexagenario voluptuoso*. Barcelona: Destino.

1985: *El tesoro*. Barcelona: Destino.

— *La censura de prensa en los años 40 (y otros ensayos):* Valladolid: Ámbito.

1986: *Castilla habla*. Barcelona: Destino.

1987: *377A, madera de héroe*. Barcelona: Destino.

— *La hoja roja* (versión teatral): Barcelona: Destino.

1988: *El mundo en la agonía*. Barcelona: Círculo de Lectores.

— *Mi querida bicicleta*. Valladolid: Editorial Miñón.

— *La caza de la perdiz roja en España*. Barcelona: Destino. Antología en la cual se incluyen pasajes de los libros *Aventuras, venturas y desventuras de un cazador a rabo*; *Las perdices del domingo*; *Con escopeta al hombro* y *El libro de la caza menor*.

1989: *Mi vida al aire libre. Memorias deportivas de un hombre sedentario*. Barcelona: Destino.

1990: *Las guerras de nuestros antepasados* (versión teatral): Barcelona: Destino.

— *Pegar la hebra*. Barcelona: Destino.

1991: *El conejo*. Barcelona: Compañía Europea de Comunicación e Información.

— *Señora de rojo sobre fondo gris*. Barcelona: Destino.

1992: *El último coto*. Barcelona: Destino.

— *La vida sobre ruedas*. Barcelona: Destino.

1993: *Un deporte de caballeros*. Barcelona: Destino.

1994: *Los niños*. Barcelona: Planeta.

— *Un cazador que escribe*. Madrid: Fondo de Cultura Económica de España.

1995: *Diario de un jubilado*. Barcelona: Destino.

1996: *He dicho*. Barcelona: Destino.

1998: *El hereje*. Barcelona: Destino.

1999: *Los estragos del tiempo*. Prólogo de Giuseppe Bellini. Barcelona: Destino. Col. «Mis libros preferidos», vol. I. Edición definitiva de *El camino;* «La mortaja» y *La hoja roja*.

2000: *Dos mujeres*. Prólogo de Hans-Jörg Neus Chäfer. Barcelona: Destino. Col. «Mis libros preferidos», vol. II. Edición definitiva de *Cinco horas con Mario* y *Señora de rojo sobre fondo gris*.

2001: *Castilla como problema*. Barcelona: Destino. Col. «Mis libros preferidos», vol. III. Edición definitiva de *Las ratas; El tesoro* y *El disputado voto del señor Cayo*.

2002: *Correspondencia* [con José Vergés], *1948-1986*. Barcelona: Destino.

— *Diarios de Lorenzo*. Barcelona: Destino. Col. «Mis libros preferidos», vol. IV. Edición definitiva de *Diario de una cazador; Diario de un emigrante* y *Diario de un jubilado*.

2003: *Tres pájaros de cuenta y tres cuentos olvidados*. Barcelona: RqueR.

— *Nuevas formas narrativas*. Barcelona: Destino. Col. «Mis libros preferidos», vol. V. Edición definitiva de *Parábola del naúfrago* y *Las guerras de nuestros antepasados*.

2004: *España 1936-1950: Muerte y resurrección de la novela*. Barcelona: Destino.

2006: *La tierra herida*. Barcelona: Planeta.

— *Viejas historias y cuentos completos*. Palencia: Menos Cuarto.

Bibliografía crítica

Alonso de los Ríos, César (1971): *Conversaciones con Miguel Delibes*. Madrid: Magisterio Español. (Ed. ampliada: Barcelona: Destino, 1993.)

Celma, Pilar María (ed.) (2003): *Miguel Delibes*. Valladolid: Universidad de Valladolid/Junta de Castilla y León.

Cátedra, María (2001): *Un santo para una ciudad*. Barcelona: Ariel.

Díaz, Janet W. (1971): *Miguel Delibes*. Nueva York: Twayne Publishers.

García Domínguez, Ramón (1985): *Miguel Delibes: un hombre, un paisaje, una pasión*. Barcelona: Destino.

— (2003): «Miguel Delibes: vida y obra al unísono». En: Celma 2003: 31-42.

— (2003b): «Cronología de Miguel Delibes». En: Celma 2003: 117-118.

— García Domínguez, Ramón y Santonja, Gonzalo (eds.) (1993): *El autor y su obra: Miguel Delibes*. Madrid: Universidad Complutense de Madrid.

González, José Ramón (2003): «Miguel Delibes: los caminos de un novelista». En: Celma 2003: 43-60.

Jiménez Lozano, José (2003): «Respirando el mundo». En: Celma 2003: 164-170.

Medina-Bocos, Amparo (1998): «Introducción». En: Miguel Delibes. *Siestas con viento sur*. Barcelona: Destino.

Meyers, Glenn G. (1999): *Miguel Delibes. An Annotated Critical Bibliography*. Londres/ Maryland y Lanham: The Scarecrow Press.

Pauk, Edgar (1975): *Miguel Delibes: desarrollo de un escritor (1947-1974)*. Madrid: Gredos.

Rey, Alfonso (1975): *La originalidad novelística de Delibes*. Santiago de Compostela: Universidad de Santiago de Compostela.

Sanz Villanueva, Santos (1984): *Historia de la literatura española. Literatura actual*. Barcelona, Ariel, 1984.

Sobejano, Gonzalo (1975): *Novela española de nuestro tiempo*. Madrid: Prensa Española.

— (1987): «Introducción». En: Miguel Delibes, *La mortaja*. Madrid: Cátedra, 11-64.

— (1993): «Del relato a la novela». En: García Domínguez & Santonja 1993: 41-53.

Trapiello, Andrés (2003): «Cadencia de un apaño (A propósito de *La hoja roja*)». En Celma 2003: 154-160.

Umbral, Francisco (1970): *Miguel Delibes*. Madrid: Espesa.

Urdiales Yuste, Jorge (2006): *Diccionario del castellano rural en la narrativa de Miguel Delibes*. Valladolid: Fundación Instituto Castellano y Leonés de la Lengua/El Norte de Castilla.

— (2007): «Análisis de la temática y los personajes de *Viejas historias de Castilla la Vieja*». En: *Letralia* 166 <http://www.letralia.com/166/ensayo02.htm >.